デジタルアーカイブ・ベーシックス

⑤

新しい産業創造へ

時実象一［監修］

久永一郎［責任編集］

JN092908

勉誠出版

はしがき

時 実 象 一

　図書館、博物館、美術館、文書館などは、それぞれ先人の活動の記録・成果を後世に残すために活動している。世界最古の文書館はシリアのエブラ遺跡で見つかった粘土板群で、紀元前20〜25世紀のものとされている。

　残された記録は、後の文化や社会に多大な影響を与える。このことは10世紀以上にわたる中世を飛び越えてルネッサンス時代によみがえったギリシャ・ローマの文化遺産を考えれば想像できる。こうした文化遺産が破壊・消滅の危機をのりこえてどのように保存されてきたかについては、ウンベルト・エーコの「薔薇の名前」(同名の映画が有名)にも描かれている。

　デジタルアーカイブはこれらの活動をデジタル的におこなうものにすぎないが、デジタルとインターネットの威力により、(1)大量の文字・画像・動画データが保存できる、(2)遠隔から鑑賞や研究が可能である、(3)マニピュレーションやアノテーションによりパーソナライズが可能となった、(4)データの解析が容易である、などの特徴があり、そこにビジネス・チャンスが生まれようとしている。

　デジタルアーカイブに関わるビジネスとしては、デジタル化に関わる技術、保存・保管に関わる技術、利用と活用に関わる技術、さらにこれ

らを総合したサービスなど多岐にわたる。近年デジタルアーカイブへの関心の高まりと、AI、ネットワークなどの基盤的技術の進展により、デジタルアーカイブビジネスも大きく進展を見せている。本書がビジネス振興の一助となることを希望する。

　今回多様な分野の多様な執筆者にご協力をいただき、デジタルアーカイブ・ビジネスの可能性についての鳥瞰図を得ることができたと思う。各執筆者には心から感謝いたします。

新しい産業創造へ

序　論
デジタル技術とデジタル
アーカイブ産業の可能性

島　裕

1　はじめに ―― 新しい産業創造へ

『デジタルアーカイブ・ベーシックス』の本巻は、「新しい産業創造へ」というテーマを取り上げる。日本標準産業分類一般原則[1)]によると、産業とは次のように定義される。

> 「日本標準産業分類における産業とは、財又はサービスの生産と供給において類似した経済活動を統合したものであり、実際上は、同種の経済活動を営む事業所の総合体と定義される。これには、営利事業と非営利事業がともに含まれるが、家計における主に自家消費のための財又はサービスの生産と供給は含まれない。」

つまり、知ること、学ぶこと、文芸に触れることといった、およそ人が文化的な生活を営む上で必要とされるコンテンツ（アーカイブ、情報、データ）を創作したり、享受したりすることに関わる経済的活動全般の将来展望を考察することを目的とする。

内閣府知的財産戦略推進事務局が2017年4月に取りまとめた報告書「我が国におけるデジタルアーカイブ推進の方向性」[2)]では、巻頭において以下の

ようにデジタルアーカイブによる様々な領域における産業創出の可能性を謳っている。

「デジタルアーカイブは、未来の利用者に対して、過去及び現在の社会的・学術的・文化的資産がどういったものかを示す、永く継承されるべき遺産であるとともに、その国・地域の社会・学術・文化の保存・継承や外部への発信のための基盤となるものである。アーカイブの共有と活用を意識した基盤があれば、そこにある各種データを有効に用いることで、教育・防災目的での活用や、観光利用によるインバウンド効果、データに付加価値をつけたビジネス利用、地域情報を用いた地方創生、データ共有による 研究活動の活性化など、様々な活用に結びつき、新たな経済的価値を創出し、イノベーションを推進するものにもなる。」

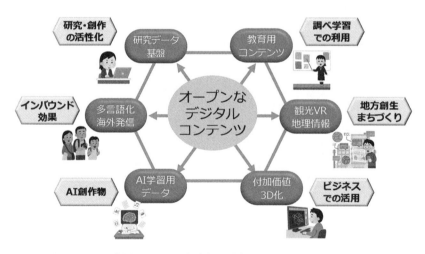

図1　デジタルアーカイブ社会のイメージ（例）（報告書「我が国におけるデジタルアーカイブ推進の方向性」より引用転載）

この報告書ではまた、デジタルアーカイブがオープンな流通を前提に構築されていないこと、各所で分断されているデータベースの連携がなされていないこと、著作権等の権利関係の処理などデジタルアーカイブを活用するためのインフラ整備が十分でないことを指摘している(図1)。新たな経済的価値を創出し、産業として成長するには、技術のイノベーション推進に合わせたビジネスの基盤作り、そして何よりも社会的受容のコンセンサスが必要となる。

　今日、「Society5.0」と称されるように様々な分野、領域でデジタル化が浸透する中、デジタルアーカイブ産業は新たな技術の活用策とそれに伴う社会のルール、規範のあり方を模索しながら、手探りの試行錯誤を重ね、醸成されていくものと考えられる。イノベーションの本質は、新たな価値を社会に実装するための試行錯誤にほかならない。すなわちデジタルコンテンツ産業とは、将来あるべき姿、ありたい姿を構想し、技術がもたらす新たな機能を利活用することで、コンテンツの創造者と価値を享受する顧客・ユーザーとの創意工夫と成熟を通じて、初めて産業化の道筋が見えてくる。次節以降、様々な領域と視点からデジタルアーカイブ産業の兆しを報告する。

2　事業環境を俯瞰する

2-1　知識社会における経済的価値の創出

　2005年1月中央教育審議会『我が国の高等教育の将来像(答申)』[3]では、「21世紀は、新しい知識・情報・技術が政治・経済・文化をはじめ社会のあらゆる領域での活動の基盤として飛躍的に重要性を増す、いわゆる「知識基盤社会」の時代」と知識の重要性を表現する。

　文部科学省『平成18年版文部科学白書』(2006年)[4]では「人々の知的活動・創造力が最大の資源である我が国にとって、優れた人材の養成と科学技術の振興は不可欠であり」と指摘し、知識創造が社会ならびに経済の成長を牽引するという考えを滲ませる。

内閣府は科学技術政策の基本的認識(第5期科学技術基本計画、2016年)[5]として「Society5.0」という概念を提唱し、「サイバー空間(仮想空間)とフィジカル空間(現実空間)を高度に融合させたシステムにより、経済発展と社会的課題の解決を両立する、人間中心の社会(Society)」、「狩猟社会(Society 1.0)、農耕社会(Society 2.0)、工業社会(Society 3.0)、情報社会(Society 4.0)に続く、新たな社会を指す」と説明する。そして情報社会では知識や情報が十分に共有されず分断していたため、必要な情報を見つけることが難しかったと振り返る。

　紺野登氏は20世紀初頭からの「工業社会」、1960年代以降の「情報社会」、それに続く1990年代以降を「知識社会」と表現する[6]。バブル経済崩壊後の「失われた〇十年」という言い回しに準えるならば、わが国は工業社会で培った能力を発揮することで情報インフラを整備し、多様な情報機器を製造することはできたが、知識社会のパラダイムに入ってそこで蓄積された知識を十分に経済的価値に転換できたかと問われるといささか心許ない。情報を処理するための機器や構成部品を製造することが目的だった時代は世界のトップランナーの位置にあったが、その情報を活用して新たな知識を創造し、世界に貢献するという点では適切な目的を描けていないのではないだろうか。

2-2　デジタルコンテンツ市場の現状

　経済産業省商業情報政策局コンテンツ産業課「コンテンツの世界市場・日本市場の概観」(2020年2月)[7]によると、わが国のコンテンツ市場を音楽、出版、映像、ゲームに分けて算出すると、その市場規模は約10.6兆円(2018年・実績値)であり、おおよそ1/4がデジタル市場(ダウンロード、ストリーミング、電子出版等)、3/4がフィジカル市場(ライブ・CD販売、書籍・雑誌・新聞、有料放送・映画館・DVD販売等)となっている(表1)。2014年以降の傾向としては、一貫してデジタル市場が成長(年率16.0%)している一方、フィジカル市場は2016年をピークに減少に転じており、予測値も引き続きマイナス成長を見込む。内訳を見ると、フィジカル市場では出版の減少が際

立つ一方、デジタル市場では約60％をゲームが占める中で映像、音楽も堅調に成長している。

表1　日本のコンテンツ市場（デジタル・フィジカル別）

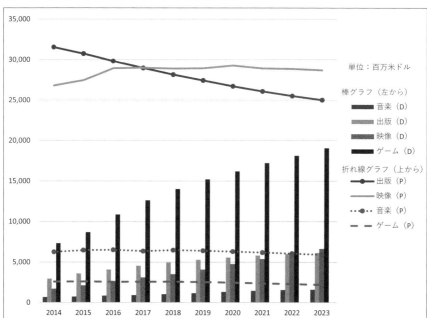

単位：百万米ドル

棒グラフ（左から）
■ 音楽（D）
■ 出版（D）
■ 映像（D）
■ ゲーム（D）

折れ線グラフ（上から）
● 出版（P）
— 映像（P）
●●● 音楽（P）
－ － ゲーム（P）

（出所）経済産業省商務情報政策局コンテンツ産業課「コンテンツの世界市場・日本市場の概観」（グローバルエンタテイメント＆メディアアウトルック（PwC）、グローバルライセシング調査2019（ライセシングインターナショナル）等を用いて経済産業省が作成）の掲載データを基に筆者作成

　デジタルコンテンツは成長事業としても位置付けられる。公益社団法人全国出版協会・出版科学研究所発行の『出版月報』（2020年1月）によると2019年の出版市場の推定販売金額は、紙の出版物が対前年比▲4.3％の1兆2,360億円と15年連続の減少にあるのに対し、電子出版物は対前年比＋23.9％の3,072億円と大きく増加している。中でも電子出版物市場の84％を占める電子コミックが対前年比＋30％弱と電子出版市場の成長を牽引している。四大出版社の一つで財務情報を開示している株式会社KADOKAWAの2020年

3月期決算では、電子書籍・電子雑誌事業の高い伸びが出版事業全体の成長を支えている。新型コロナウィルスによるパンデミックが大きく影響する2020年第1四半期(4-6月期)の四半期決算においても電子出版事業の売上高は堅調に増加しており、紙出版事業の売上高に並立する程に成長している。

　電子出版は単に紙媒体の代替としてではなく、海外事業、SNS、動画配信といったWeb事業、版権事業などの隣接する事業領域との親和性が高い上、定額制の料金設定といったサブスクリプションサービスなど新たなビジネスモデルへの展開にもつながりやすいことから、事業戦略の観点からも今後の成長が期待できよう。

2-3　デジタル・トランスフォーメーションのインパクト

　デジタル市場全体に関して俯瞰すると、政府のデジタル市場競争本部が2020年6月に発表した「デジタル市場競争に係る中期展望レポート(案)」[8]によれば、デジタル市場の変化のスピードは非常に早く、様々な分野でデジタル(仮想空間)とリアル(現実空間)との融合、さらにはIoT(Internet of Things)と称されるように機器同士がデジタル空間で接合され、データの融合が進むと展望している。同時に、同レポートは経済社会のルール、基盤作りはどうしても後追いにならざるを得ないことから、最適化に向けた試行錯誤が伴うと予測する。

　デジタル・トランスフォーメーション(Digital Transformation、DX)の定義は各様であるが、デジタル技術を社会実装することで日常の暮らしが良くなるよう変革を促すという概念である。デジタルと現実社会との融合をイメージするには、私たちがスマートフォンを持ち歩くことで、現実空間にいながら常時仮想空間とつながっている状態と考えるとわかりやすい。道を歩きながらインターネット上の地図アプリを参照すると、GPSを通じて現在位置が地図上に表示される。ネット通販で買い物をすると入力情報やこれまでの購買実績、検索記録をもとに次に買うと目される商品が推奨される。すなわち人がスマートフォン、PCといったインターフェースを通じ、現実空間と仮

想空間の双方に共存するという「新たな経験」がデジタル技術によってもたらされたのである。加えてこの関係性は双方向である点もDXの特徴と言える。情報は一方的にサプライサイドから与えられるものではなく、誰でも容易に現実空間から仮想空間へ情報発信することが可能になったことも特筆すべきであろう。

　人はどこにいてもデジタル化された様々なアーカイブや情報にアクセスすることが可能となっただけでなく、ソフトウェア等の技術により二次利用の幅も拡がった。地理情報を例に挙げると紙の地図を画像として電子化するだけではなく、地理情報と他の情報を重ね合わせる、シミュレーションを可能とする、3Dなど見やすいように加工するなど様々な態様が可能となった。さらに多くの領域でデータそのものに付加価値をつけることで新たなビジネスを生み出し始めている。DXはデジタルアーカイブ産業にとってビジネスのインフラであると同時に幅広い変革の機会をもたらすイネーブラーでもある。経済的価値の創出を目指し、今後このインフラをどう活用するのかというイノベーション力が問われている。

2-4　パンデミックがもたらす変容

　新エネルギー・産業技術総合開発機構(NEDO)技術戦略研究センターは2020年6月、新型コロナウィルスによるパンデミック後の社会変化の分析を試みた[9]。公開資料によると、感染拡大に伴い外出の自粛が全世界的に徹底され、在宅での学習、勤務、オンラインによるコミュニケーションの浸透など、これまでの生活様式が一変したと総括する。この報告書では将来については様々なシナリオがあり得るが、デジタルシフトへの流れは不可逆的であり今後加速すると予測する。また、コミュニケーションはオンライン化が浸透し、オンラインによる新しいビジネス、サービスが増加すると同時に、改めて対面でのやりとりといったリアルの価値が高まると指摘する。

　人が分散した状態で教育コンテンツや様々な知的資産、情報を享受するためにはオンラインが中核的インフラとして不可欠であり、その円滑な利活用

のためにセキュリティ、決済、仮想現実によるオンライン・コミュニケーション手段といった新たな技術革新が惹起されると同時に、社会的な規範やルールが醸成されていくという大きな潮流にあることは間違いない。この報告書では、パンデミックを受けて「全産業分野において少なからずデジタル化が浸透・進展する」と洞察しているように、デジタルアーカイブの領域だけが「旧常態」のまま留まるという可能性は少なかろう。

　周囲を見回しても新型コロナによるパンデミックは、長期にわたり物理的に「知」へのアクセスを制限した。2020年4月の緊急事態宣言を受けて多くの公立図書館、大学図書館、さらには書店が閉鎖を余儀なくされた。大学の研究者はもちろん、学生にとっても図書館の閉鎖は影響が大きく、文献調査がまったくできないという特異な状態に陥った。緊急事態宣言の解除後（2020年5月）、段階的に図書館サービスが再開されつつあるが、利用時間などの制約はしばらく残ると予想される。今後、知の遍在、情報の非対称性のギャップを埋める「知のデリバリー」に対する社会的要請を踏まえるに、そのレジリエンスという観点からデジタルアーカイブのあり方をここで一考する意味は大きい。書籍など物理（現物）としての知とデジタルデータなど仮想（電磁物）としての知を二項対立として捉えるのではなく、これらの融合による最適化を模索すべきであろう。また、図書館ごとの蔵書・データの効率的な管理という枠組みを超えて、図書館が横につながることで知へのアクセスを保証するという視点も必要ではないだろうか。

　パンデミックに伴う移動の制約は、地理的所在の意味合いを大きく変えようとしている。これまで取材や商談を行うには人と対面で会うことが常識であった。本、資料を閲覧するには図書館に行くのが当たり前であった。これが世界的に一変し、大きなゲームチェンジ、常識の変革が起きたのである。デジタル化されたアーカイブ、情報、データはいかなる都市、いかなる場所においても享受することが可能である。ある地域で主催するオンラインイベントに世界各地から多くの人が参加し、コミュニケーションを図るという機会もその効率性ゆえにこれから増えていくだろう。デジタルアーカイブは、

地域が有する学術的、文化的な資産を埋没させることなく、世界に対して発信することで社会的、経済的な価値へと転換する可能性を有している。パンデミックは様々な意味で「パンドラの箱」を開けたと言える。

3　産業創造の展望

3-1　価値の創出

　まず産業化とは何かを考えたい。経済活動の本質は「価値の創出と提供」である。ここで価値とは「対価・費用を払っても享受したい便益」と定義しよう。新ビジネスの創造とは、すなわち「顧客が対価・費用を払っても享受したい便益の創造とその提供方法の構築」を意味する。新しい技術を活用してビジネスを上市しても顧客に価値として受容されなければ、「良さそう。でもなくても困らない」となる。提供価値の対価が価値提供に要する費用を上回ることで、初めて持続可能なビジネスが成立することは言うまでもない。その価値を支持する顧客が増えていくとそれが市場となり、この市場に対して価値を提供するビジネスの集合体が産業となる。顧客が増えて市場となるということは、その価値に一定以上の普遍性があり、かつ持続性があるということであるから、平たく言えば「強い」価値と表現できよう。価値が「強い」とは「なくても困らない」ではなく、「ないと困る」、「どうしても欲しい」という状態であり、顧客にとって困りごとの除去(欠乏、本質的欲求、現状に対する潜在的な大きな違和感)、ないしは嬉しさの増嵩(自己実現欲求、承認欲求、社会的欲求)をもたらし、その便益が継続的であることを意味する。デジタルアーカイブ産業の可能性を論じるということはすなわち、デジタル化されたコンテンツを利活用しどれだけの「強い」価値を創出することが可能かを考察することにほかならない。

3-2　価値創造における技術の役割

　ここで価値と技術の関係を整理しておきたい。技術はあくまでも何らかの

機能を実現するための手段であり、技術そのものは価値ではない。技術と価値化の関係は次の二つに分類できる。

①技術による「手段」の置換
②技術による「目的」の創出

　前者の例としては電子書籍や音楽ダウンロード、オンライン教育が挙げられる。顧客にとって読書をする、音楽を楽しむ、授業に参加するという価値は不変だが、インターフェース（手段）が紙から電子書籍リーダーに、CDからスマートフォンに、対面からweb会議システムに置き換わることによって従来とは異なるビジネスモデルを実現している。ローカルな文化資源をデジタルアーカイブ化することで、世界中に配信するという活用法も「手段」の置換である。「手段」を置換することにより顧客を拡張したり、使い勝手を大きく改善したりすることで新たな価値を創出する可能性が生まれる。これに伴い関連する既存の産業構造が変化することも起こり得る。

　後者のカテゴリーは今後、多岐にわたり多くのビジネス開発がなされていくものと期待される。ソーシャル・ネットワーキング・サービス（SNS）の様々なプラットフォームはこの一例である。インターネット上に新たな表現の「場」を設けることで新たなコンテンツの投稿（創作）を惹起し、それらを世界中に流通させることで、「場」そのものをマーケティング・チャンネル、広告ビジネスといったビジネス基盤にまで昇華させるミームとなった。局地的な気象予測は、気象データ、センサーから集められる膨大なデータ、ユーザーからの投稿情報などを幅広く取得、加工編集することで、新たなサービス価値を実現している。このようにデジタル技術は著作物、情報、データを生成、収集、整理、保存、利用すること、また「場」を通じて価値の提供手段を供することで、既存にはなかった新たな価値を生み出す可能性を拡げた。

3-3 価値化の構図

　デジタルアーカイブが価値化される流れをモデル化すると以下のように整理できる。デジタルコンテンツ（アーカイブ、情報、データ）には、①アナログの著作物等をデジタル変換する、②デジタルコンテンツを著作する、③物理的手段によりデジタルデータを取得する、の三通りの入り口がある。顧客・ユーザーがコンテンツを価値として認識するには仮想空間から現実空間へコンテンツをダウンロードすることが必要となるため、①印刷出力するなどアナログ媒体に変換する、②PC、電子ブックリーダー等のデジタル媒体を利用する、③加工されたデータを何らかのアプリケーションを通じて利活用する、という出口を経ることになる。つまり、コンテンツは現実空間から一旦仮想空間に入り、何らかの「場」において収集され、あたかも工場のように必要に応じて整理、保存、編集、分析、加工といった付加価値が加えられる。デジタルコンテンツの価値化とは、このような入力から出力までのシステム体系を構想することであり、「場」の設計こそがビジネスモデルの中核となることがわかる（図2）。

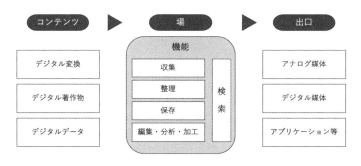

図2　価値化の構図

3-4 価値創造のカギ

　価値化の構図を踏まえると、価値創造のカギを握る第一の要点はインターフェースである。仮想空間は物理的な存在ではないため、その中にあるデジ

タルコンテンツは出口の媒体を通じてのみ、その存在を認知することができる。ただし、出口の媒体が可視化できる範囲は自ずと限界（インターネットで書籍を購入する際、PC画面に表示出来る書籍の数は思いのほか少なく、多くの情報を得るためには何度も画面をスクロールする必要がある）があるため、顧客・ユーザーがコンテンツ全体を詳らかに知ることは不可能である。コンテンツを収集、整理しただけでは新たな価値とはなりにくいため、「場」と顧客・ユーザーとをつなぐインターフェースと検索機能がポイントとなる。

　第二の要点は「場」の質である。仮想空間上のコンテンツは、該当する文字列を探す、書誌情報といったタグとなるメタデータを検索するだけでなく、様々な意味付け、関連付けが技術上可能である。例えば、SNSで用いられるハッシュタグのように、顧客・ユーザー自らがタグを自由に付け加えることでフォークソノミー（民衆を意味するフォークスと分類法を意味するタキソノミーを合わせた造語）も可能である。投稿されたコンテンツに対して「いいね」と共感を示したり、自らのコメントを重ねて発信したりすることもできる。紙に印刷されたコンテンツのように発信者から受信者へと一方通行に情報が流れる、言い換えればコンテンツを単に消費するだけでなく、コンテンツが所在する「場」を通じて情報の出し手と受け手が直接つながる、あるいは情報の出し手が相互に刺激し合うことで相乗的にコンテンツの量と質を高めるといったオンライン特有の双方向性、ネットワーク外部性を活かして共創することが可能となるという特徴を有する。顧客・ユーザーにとってコンテンツの量と質は、価値を規定する重要な要素であることは言うまでもないが、「場」に収集されるコンテンツの質を高めながら、蓄積するという成長循環をいかに作るかという点も「場」の設計の視野に入れなくてはならない。

　さらに言えば、この「場」は必ずしも仮想空間だけに限られるものではない。顧客・ユーザーから見ると知らないものは検索しようがないため、何らか手がかりとなる言葉をもとに情報を検索することになる。傾向としては知っているものはより知られ、知られていないものは知られないまま埋没するという状況が起こりがちである。例えば先に挙げた書籍購入の例で言うと、欲し

い本が明確であればオンラインでの購入が効率的ではあるが、出会いの偶然性(セレンディピティ)は生まれにくい。一方で書店に出向くとそこまでの移動時間や交通費がかかる上、お目当ての本がないこともあり得るなど効率性には欠けるものの、書棚にある多くの書籍を見渡すことができ、一瞥しただけで多くの情報を認知できる。たまたま書棚で気になったタイトルや著者の本を手にするという邂逅もあり得よう。クラウド上のデータ保存、オンラインでのコミュニケーションといった仮想空間上の「場」と、現実空間に存在する「場」とをシームレスにつなげることもデジタル技術は可能にしている。塩瀬隆之氏によれば、2007年に大英博物館が全収蔵品のインターネット公開を行ったことは、「サイトの公開後、大英博物館の来館者は急増した。(中略)インターネットの利便性は、鑑賞行動そのものを手間として省いたのではなく、博物館にどのような収蔵品があるのかを調べる手間を省いたに過ぎない」と評価されたとする[10]。このように考えるとデジタルアーカイブにより経済的価値を創るということはすなわち、顧客・ユーザーにとってオンライン・オフラインの良いところを融合した「場」を介した、エクスペリエンス(経験)・デザインにほかならないと理解できよう。

　第三の要点は、「場」の目的である。「場」とは情報の出し手、受け手、様々な介在者といったエコシステム(産業生態系)を擁する一つのシステムである。ここで言うシステムとは、「特定の目的を達成するための、相互に作用する要素の組み合わせ」を意味する。ここで重要なことは「場」の設計の目的が何かという視点である。ビジネスは顧客に対して「買ってもらう／利用してもらう」という行動変容を促す行為である。この行動の前提には「○○を買おう／利用しよう」という意思があり、さらに意思の前提には「○○がしたい」という目的がある。既存のサービスはすでに顧客がそのサービスの何たるか、使い勝手、費用対効果をよく知っており、そこでの目的は明確である。一方で、これまでにない全く新しい価値提供は、新たな目的と動機を創ることと同義となる。この目的を実現するための手段を提供することがビジネスである。ビジネスプランは「目的の妥当性」と「ソリューションの質」の掛け算に分

解することができる。つまり優れたビジネスとは、多くの人から支持、共感される目的の提起と魅力的なソリューションの両方を兼ね備えたものである。「場」の目的がデジタルアーカイブビジネスの根幹となり、「場」の機能がビジネスのフィージビリティに直結するのである。

　一例として教育分野におけるデジタルコンテンツ活用のための「場」を振り返ってみよう。2016年7月の文部科学省「2020年代に向けた教育の情報化に関する懇談会　最終まとめ」[11]によれば、グローバル化やデジタル化など社会変化と不確実性が高まる中、子供たち自ら何が重要かを主体的に考え、他者と協働して創造的に新たな課題を発見する力、解決に取り組む力を育む、すなわちアクティブ・ラーニングが重要であると指摘し、そのために教育における情報化と環境整備を推進すべきであると結論付けている。この背景にはICT環境の充実に加え、EdTech（Education（教育）と Technology（技術）を掛け合わせた造語。人的能力開発のための新たな技術、技法の意）の拡がりがある。経済産業省「「未来の教室」と EdTech研究会」（2018年1月）資料によると、2015年時点でわが国の学習塾、語学学校、企業研修サービスといった民間教育産業の市場規模は2兆5000億円程であり、アクティブ・ラーニングのような新たな教育ニーズに加えて、社会人向けリカレント教育へのニーズの高まり、プログラミング教室や学習支援アプリといった民間企業による教育サービス開発の進展を踏まえると、2020年には市場規模は11兆円[12]にまで成長すると予測している。

　このような教育技法の革新とも言うべき EdTech の取り組みは、現時点では欧・米・中に比べ後れていると指摘されているものの、今後の伸び代が期待できる領域であることは間違いなかろう。さらに足下を見ると2020年6月、文部科学省初等中等教育局は検討用資料として「新型コロナウィルス感染症を踏まえた、初等中等教育におけるこれからの遠隔・オンライン教育等の在り方について」[13]を公開している。これによると、新型コロナウィルス感染症が収束した後も対面指導と遠隔・オンライン教育を併用する（ハイブリッド化する）ことで協働的な学習を継続するとの方針を打ち出している。

行政、教育現場、企業や地域社会がオンライン教育の目的を明確に共有し、EdTechを背景に国内外にその市場の裾野が広がることで、「場」としてのさらなる成長と成熟が期待できよう。デジタルコンテンツの利活用は、この「場」の目的を実現するためのソリューションという位置付けにある。単に既存の教科書や図書をデジタル化するだけでなく、デジタル技術や能力開発技法と相俟ってデジタルによる新たな知的資産の蓄積を喚起するだろう。

以上、デジタル技術とデジタルアーカイブ産業の展望を構造論として俯瞰した。デジタル技術の革新と社会への浸透に合わせ、多くの可能性が生まれていることは間違いない。人がより良く生きるために、より良い社会を作るために新しい技術を活用するには、良い目的を構想し、その実現を愚直な試行錯誤をもって進めることのほかに新たな産業創出の道筋はなかろう。同時に社会実装に向けての課題も少なくはなく、デジタルアーカイブを届けたい人に届けるための技術的、制度的な仕組み作りが必要である。

注
1)　日本標準産業分類一般原則（https://www.soumu.go.jp/main_content/000286955.pdf）（最終アクセス：2020年7月29日）
2)　デジタルアーカイブの連携に関する関係省庁等連絡会・実務者協議会の報告書「我が国におけるデジタルアーカイブ推進の方向性」（内閣府知的財産戦略推進事務局、2017年4月）
3)　中央教育審議会（2005）「我が国の高等教育の将来像（答申）」（https://www.mext.go.jp/b_menu/shingi/chukyo/chukyo0/toushin/05013101.htm）（最終アクセス：2020年7月29日）
4)　文部科学省（2007）「平成18年版文部科学白書」（https://www.mext.go.jp/b_menu/hakusho/html/hpab200601/index.htm）（最終アクセス：2020年7月29日）
5)　内閣府（2016）「第5期科学技術基本計画」（https://www8.cao.go.jp/cstp/kihonkeika-ku/5honbun.pdf）（最終アクセス：2020年7月29日）
6)　紺野登（2020）『イノベーション全書』東洋経済新報社，180.

7)　経済産業省商業情報政策局コンテンツ産業課(2020)「コンテンツの世界市場・日本市場の概観」(https://www.meti.go.jp/policy/mono_info_service/contents/downloadfiles/ 202002_contentsmarket.pdf)(最終アクセス：2020年7月29日)

8)　内閣デジタル市場競争本部(2020)「デジタル市場競争に係る中期展望レポート(案)」(https://www.kantei.go.jp/jp/singi/digitalmarket/kyosokaigi/dai4/siryou3.pdf)(最終アクセス：2020年7月29日)

9)　新エネルギー・産業技術総合開発機構(2020)「コロナ禍後の社会変化と期待されるイノベーション像」『第19回 産業構造審議会 産業技術環境分科会 研究開発・イノベーション小委員会資料』.

10)　川上浩司編著，平岡敏洋・小北麻記子・半田久志・谷口忠大・塩瀬隆之・岡田美智男・泉朋子・仲谷善雄・西本一志・須藤秀紹・白川智弘共著(2017)『不便益──手間をかけるシステムのデザイン』近代科学社，96.

11)　文部科学省(2016)「2020年代に向けた教育の情報化に関する懇談会(最終まとめ)」(https://www.mext.go.jp/b_menu/houdou/28/07/__icsFiles/afieldfile/2016/07/29/ 1375100_01_1_1.pdf)(最終アクセス：2020年9月23日)

12)　経済産業省(2018)「「未来の教室」とEdTech研究会」(https://www.meti.go.jp/shingikai/ mono_info_service/mirai_kyoshitsu/pdf/001_03_01.pdf)(https://www.meti.go.jp/shingikai/ mono_info_service/mirai_kyoshitsu/pdf/001_03_03.pdf)(最終アクセス：2020年9月27日)

13)　文部科学省　新しい時代の初等中等教育の在り方特別部会(第9回)会議資料「新型コロナウィルス感染症を踏まえた、初等中等教育におけるこれからの遠隔・オンライン教育等の在り方について」(https://www.mext.go.jp/kaigisiryo/content/ 20200611-mext_syoto02-000007826_4.pdf)(最終アクセス：2020年9月27日)

第 1 部

デジタルアーカイブの活用

第1章

世界のビジネス・アーカイブズ概観

松崎裕子

1 はじめに

　公益財団法人渋沢栄一記念財団情報資源センター(以下「情報資源セン
ター」とする)では、「人の営みの記録の積み重ねであるアーカイブズは倫理
に関わる」ことを前提に、「企業活動を通じた公益の追及」という渋沢栄一
の思想に合致するものとして、ビジネス・アーカイブズの振興に取り組ん
できた。この取り組みの中心には、アーカイブズとアーキビストに関わる
国際的な非営利団体である国際アーカイブズ評議会(International Council on
Archives: ICA、1948年設立、本部パリ)、特にその中の企業アーカイブズに
関わる専門部会活動への継続的な参加がある。このことを通じて、情報資源
センターでは海外のビジネス・アーカイブズ関係者とのネットワークを拡大
し、ネットワークを通じて得られた情報をウェブサイトで公開し、蓄積すな
わちアーカイブしてきた。本章では、企業アーカイブズの誕生以降を対象と
し、注目すべき出来事や事例を取り上げながら、世界のビジネス・アーカイ
ブズのこれまでの歩み、地域ごとの特徴、現在の状況を紹介する。
　本章が対象とするビジネス・アーカイブズとは、記録を作成した企業組織
が管理・利用・提供を行う企業アーカイブズ(資料と組織)である。この場合、
本章では「企業アーカイブズ」と呼ぶこともある。作成元の組織を離れて各種

のリポジトリ(図書館、文書館、博物館などの文化資源機関)が管理・公開を
担う資料としてのビジネス・アーカイブズにも必要に応じて言及する。

　対象とする時代は、ビジネス・アーカイブズの体系立った収集・整理、保
存、管理、利用が開始された20世紀初頭以降である。この間のビジネス・
アーカイブズをめぐる状況には、デジタル化とグローバル化が進んだ1980
年代後半から2000年代にかけて、大きな変化があったと筆者はみている。
従って、本章ではこの時期を境として時代を区切って紹介を進める。

2　企業アーカイブズの誕生と発展

　企業組織内や、地域の商工会議所を基盤とする企業資料(ビジネス・アー
カイブズ)管理に特化した文書館(アーカイブズ)において、企業資料を体系
的に収集・整理、保存、管理、利用する仕組みが初めて登場したのは、20
世紀初頭のドイツである。1920年代から30年代は、米国と英国で、経営史
研究者、図書館関係者、企業関係者の中に、企業資料保存への関心が高まっ
た。1940年代は、欧州にとっては第二次世界大戦による荒廃、混乱と復興
の時代で、企業アーカイブズや企業資料保存運動には大きな動きはみられな
かったのだが、北米において最初の企業アーカイブズが誕生している。

　第二次世界大戦後の復興は企業活動の発展を伴うもので、1950年代以降、
欧州各国では専門的な協会や団体が結成されるなど、ビジネス・アーカイブ
ズに関わる活動が活発化した。1970年代から80年代にかけて、北欧におい
て商工会議所や経済団体、地方自治体が共同してビジネス・アーカイブズを
専門に扱う文書館が相次いで設立されたほか、フランスやイタリアでも企業
内アーカイブズの設置がみられた。

　第二次世界大戦後の世界経済の中心となった北米では、経済の拡大ととも
に企業アーカイブズの設置が相次いだ。日本の場合は、70年代以降、いわ
ゆるアーカイブズそのもの(移管・収集、保存・修復、目録作成、利用提供、
公開という一連の業務を担当する部署)ではないが、資料としてのアーカイ

ブズの利活用の一形態である社史編纂活動が活発化した。

2-1 欧州

ヨーロッパにおける企業アーカイブズは、日本や米国のそれに比べると、社外に対する公開の度合いが高く、社外からの利用の促進に前向きである。この点にも注目して、国・地域ごとに紹介する。

2-1-1 ドイツ

近代的な企業組織における最初のアーカイブズと言われているのは、1905年にドイツ企業クルップ社（1811年創業）がエッセンに設置したアーカイブズである[1]。これは1911年に迎える創業100周年への準備のためであった[2]。1907年にはバイエル社[3]と、この年が創業60周年にあたるシーメンス社[4]が社内にアーカイブズを設置している。ドイツにおいて最初の企業アーカイブズが誕生した背景には、この時期、カール・ランプレヒトが提唱する、歴史に対する構造的なアプローチが影響力を持ちつつあったことが指摘されている[5]。このアプローチは文化史、精神史、社会史を重視するもので、「アド・フォンテス！」（ad fontes! ラテン語で「源泉に帰れ！」の意味）をスローガンとしていた。経済活動によって作成された企業文書について言及するときにも、このスローガンが使われ始めたという。

1906年には地域の民間企業のアーカイブズ資料を受け入れる「地域経済文書館」（Wirtschaftsarchiv）第1号が、ケルンの商工会議所のイニシアティブで設立されている。ドイツに特有なこのタイプの文書館は、1980年代までにドルトムント、シュツットガルト、ミュンヘンに開設されるとともに、その後も各地で設置が続いた[6]。

第二次世界大戦後は、復興が進んだ1957年、ドルトムントの商工会議所でドイツ・ビジネスアーキビスト協会（Vereinigung deutscher Wirtschaftsarchivare e.V.: VdW）が結成されている。ドイツ語圏の企業アーカイブズとアーキビストのフォーラムとして同協会は今日まで活発に活動してきた[7]。

なお、世界で最初の企業アーカイブズが生まれたドイツでも、当初より社外からの利用に開かれていたわけではない。例えば、先に挙げたシーメンス社の場合、1958年、本社取締役会が社内文書資料を研究者に対して公開することを承認するまでは社外には非公開であった[8]。1980年代後半の時点では、「部外秘」資料に関しては、文書自体の閲覧には応じないが、可能な限りスタッフが口頭で説明を行っていたという[9]。

2-1-2　イギリス

　イギリスでは、企業アーカイブズを適切に保存して将来にわたって利用を可能にすることを目的として、学者や企業経営者が主体となり、1934年にビジネス・アーカイブズ保存協議会（Council for the Preservation of Business Archives）がロンドンで設立されている[10]。第二次世界大戦後は、同協議会の中の銀行関係者（主導者はイングランド銀行関係者）を中心に会社史研究が盛んになるとともに、1954年には現在の名称ビジネス・アーカイブズ・カウンシル（Business Archives Council: BAC）に名称を変更している。80年代半ばまで、BAC機関誌では、全国アーカイブズ登録局（王立手稿史料委員会（Historical Manuscript Commission: HMC）の一機関として1945年設置）が登録と更新を管理していたアーカイブズ資料目録情報のデータベース「全国アーカイブズ登録簿」（National Register of Archives: NRA）[11]に新規登録された企業資料目録情報と経営史文献リストが継続的に紹介されるとともに、トレーニング・コースの運営、調査事業（造船、保険、銀行業等）、助言サービス、清算会社モニター、事務局内ライブラリーによる調査サービス、表彰活動など、多様な活動を展開した。

　このほか、産業革命を牽引したスコットランドでも、企業資料の調査と保全を目的として、スコットランド・ビジネス・アーカイブズ・カウンシル（Business Archives Council of Scotland: BACS）が1960年に結成されている[12]。

2-1-3　北欧

　ヨーロッパの中で、ドイツ、イギリスに続いたのは北欧地域である。1948年、デンマークのオーフス市に、企業資料の収集と目録作成、利用提供を目的としたデンマーク全国ビジネス・アーカイブズが開設されている[13]。その後1955年にスウェーデン、1960年にフィンランド、さらに数年後ノルウェーとデンマークでビジネス・アーカイブズ協会の活動が開始されている[14]。

　1974年にはストックホルム市文書館とストックホルム商工会議所が共同で、事業から撤退した企業のモノ資料や文書資料の散逸を防ぐため、「ストックホルム企業の記憶」(Stockholms Företagsminnen)という団体を設立している[15]。この時期以降、企業アーカイブズと文書管理サービス関連市場が成長するのに伴い、この団体は事業継続中の企業のアーカイブズ資料管理業務の委託も受けるようになり、これは後に「ストックホルム経営史センター」(Centrum för Näringslivshistoria)に発展する(2006年)。様々な企業組織の文書の寄託を受けて整理と保存・管理を行うこのタイプのビジネス・アーカイブズは、フィンランドにも生まれている。1981年に同国中央部に位置するミッケリ市に設置された、企業アーカイブズ保存のための全国的な非営利組織「フィンランド企業記録中央アーカイブズ」(Suomen Elinkeinoelämän Keskusarkisto: ELKA)である[16]。ELKAは同国内のビジネス・スクール、経営者団体、商工会議所、関連自治体などで構成する財団によって運営されており、企業や個人から寄託された企業関係の資料を整理し、目録を作成して、研究その他の利用に提供する活動を今日まで継続している。

2-1-4　その他

　ヨーロッパの南部で近代的な企業アーカイブズの活動が本格化するのは、北部に比べるとやや遅れて、1970年代以降である。

　フランスの場合、1974年にガラス等の住宅建材メーカーの老舗サンゴバン社がアーカイブズを設置するまで企業アーカイブズは存在しなかった[17]。サンゴバン社はフランス国立古文書学校出身のアーキビスト・古文書学者で、

1971年からフランス国立公文書館の保存修復を担当していた専門家をスカウトし、社内アーカイブズを立ち上げている[18]。

イタリアでは、1949年に結成されたイタリア・アーキビスト協会（Associazione Nazionale Archivistica Italiana: ANAI）が1980年代後半、それまで公的機関のアーキビストに限定されていたメンバーシップを民間のアーキビストまで広げるという動きがあった[19]。そのような流れの中で、1984年にイタリア商業銀行（現在はインテーザ・サンパオロ）がミラノに歴史アーカイブズを開設している[20]。同アーカイブズの所蔵資料には、イタリアの文化財保護制度に従い、公的機関である文書図書保護局による保護の対象であるものが多く含まれている[21]。

2-2　北米

北米におけるビジネス・アーカイブズに関わる最初の画期的出来事は、1925年にボストンでアメリカ経営史学会が結成され、その後ハーバード大学経営大学院ベーカー図書館が経営史学会のリポジトリとして企業資料のコレクションを開始したことである[22]。一方、米国で最初の企業アーカイブズは、第二次世界大戦中の1943年に設立されたファイアーストーン社のアーカイブズである[23]。

アメリカ・アーキビスト協会（Society of American Archivists: SAA、1936年結成）の調査によると、アーカイブズを持つ企業・団体の数は1969年138、1975年195、1980年210と、1970年代を通じて増加していったことがわかる[24]。ただし、北米の企業アーカイブズは、景気動向、企業業績に大きく左右され、1980年代の米国景気の後退を反映した1990年の調査結果では、アーカイブズ数が158に減少している[25]。その背後にあるのは、「歴史なんて多かれ少なかれくだらないもの」（"History is more or less bunk"ヘンリー・フォードの言葉、1916年）、「企業の社会的責任とは利益を増大させること」（"The social responsibility of business is to increase its profits"ミルトン・フリードマンによる論説のタイトル、1970年）に象徴される、米国企業経営におけ

る株主優先、短期的利益重視という経営思想である。このような価値観を旨とする米国企業は、訴訟リスクや世評に敏感で、欧州の企業アーカイブズに比較すると、社外からのアーカイブズへのアクセスを認める姿勢は弱く、透明性(transparency)は低い[26]。アルフレッド・チャンドラー教授を来日時にアテンドした由井常彦明治大学名誉教授によると、チャンドラー教授は米国に比べて日本における企業資料への研究者のアクセスが容易である点を高く評価していた(筆者による由井教授へのインタビューによる)。このチャンドラー教授の評価とも符合する。

2-3　日本

　日本では旧財閥一族の修史事業が明治期に始まっており、これを日本におけるビジネス・アーカイブズの源流とする見方がある[27]。住友家の場合は、1887(明治20)年に家史編纂を開始し[28]、三井家では1903(明治36)年に、三井家修史事業のため三井本館内に三井家編纂室を設置している[29]。三菱財閥では1922(大正11)年に三菱合資会社に資料課を設置した[30]。

　一方、日本におけるビジネス・アーカイブズは、一般には、「組織・部署・仕組み」としてではなく、社史編纂のための「資料」として長らく理解されてきた。これは、会社史の編纂・出版ビジネスと経営史研究(1964年に経営史学会設立)を結びつける産学協同のための組織として、1968年に財団法人日本経営史研究所が設立され、同研究所の活動は「社史編纂事業を通じた研究者の企業アーカイブズへのアクセス」、「刊行された社史を通じての社内外への会社史に関わる情報提供」、さらに「社史を通じての経営理念の継承」等を促進してきたという事情による。その結果、恒常的な社内プログラムとしてのアーカイブズ管理の仕組みの確立は低調であった。1981年には、同研究所を事務局とし、経営史研究者、経団連と加盟企業、専門図書館協議会内の社史グループ関係者を主要な構成メンバーとする企業史料協議会が設立され、今日まで社史、企業博物館、企業資料管理に関する情報交換や交流、啓発・普及活動を続けている。

このような経緯から、日本におけるビジネス・アーカイブズの社外への公開は限定的である。社史編纂時に執筆者(役員・従業員、経営史研究者、ライター)がアクセスする以外の利用はほとんど想定されてこなかった。研究者や一般の利用が想定されているのは、1965年に財団法人として発足した三井文庫などわずかである[31]。

さらに、日本では資料そのものへのアクセスを認めるよりは、企業ミュージアムにおける展示物として公開しようという意識も強い。帝国データバンク史料館の企業博物館リスト(2019年)によると、産業文化博物館(企業博物館)の数は783に上る[32]。

3　デジタル化・グローバル化と世界のビジネス・アーカイブズ

1980年代後半以降のビジネス・アーカイブズには以下のような4つの特徴、変化がみられる。

1つ目は、1989年のベルリンの壁の崩壊と1990年のドイツ再統一、1991年のソビエト連邦の消滅、さらに欧州統合に向けた国際秩序の変化に対応した動きである。このような変化の中で、欧米の企業アーカイブズは、過去の歴史の問い直しの動きに関わるとともに、来るべき欧州統一に備えた新たなグループの誕生をみた。

2つ目はICT技術の発展が社会のあらゆる面に広がり、経済のグローバル化とデジタル化が企業アーカイブズの在り方全体に大きく影響を及ぼしてきた。この点にはさらに2つの側面がある。

まず企業内アーカイブズにおけるアーキビストの役割・位置づけに変化がもたらされたことが挙げられる。ヨーロッパ、北米など専門職としてのアーキビストの養成と雇用が確立している地域では、企業内アーキビストは、それまでの資料の専門家という立ち位置から、マネージャーとしての働き方、思考が強く求められるようになった。企業アーキビストの伝統的な職務は資料の収集、保存、目録作成、レファレンス対応、閲覧提供というもの

であったのであるが、デジタル化とグローバル化の時代の企業アーキビスト
は、アーカイブズを社内の事業に組織的な業務として組み込み、企画を立て、
予算を獲得し、管理し、企画を実施していくことが求められるようになった。
マネージャーとしてアーカイブズを社内外でマーケティングしていくアドボ
カシー、アウトリーチ活動の必要性と、社内外に対する企業ブランディング
のためのツールとしてのアーカイブズの積極利用が大きく顕在化した。

　次にもう1つの側面は、アーカイブズ資料の利用者の拡大である。伝統的
には、企業アーキビストの業務の大部分を占めるのは、自分たちが整備した
目録と資料を使って、社内外からのレファレンスに回答したり、専門の研究
者に対し閲覧を許可したり、あるいは小規模な展示を行うことであった。し
かし、新しい時代に入ると、資料ならびに目録のデジタル化、データベース
化とその社内共有によって、アーキビストだけでなく社内各所から直接目
録情報や資料データへのアクセスが可能になった。また、ウェブサイトや
ミュージアムといったプラットフォーム・装置の発展は、社外へのアーカイ
ブズ情報の発信、社外からの利用の促進につながっている。企業の社会的責
任とブランディングの観点から、社外への利用提供に積極的なヨーロッパの
企業アーカイブズにおいて、この面で注目すべき事例がみられる。

　3つ目の変化は、アナログ資料のデジタル化と管理、ボーンデジタル記録
の管理、両者の長期保存と継続的なアクセス確保の課題がビジネス・アーカ
イブズの業務に加わったことである。

　そして最後は、中国やインドといったアジアの国々におけるビジネス・
アーカイブズの発展が挙げられる。

　以下、順にみていく。

3-1　ポスト冷戦と企業アーカイブズ

3-1-1　過去の歴史の問い直し

　ベルリンの壁の消滅、東西ドイツの統一、ソビエト連邦の消滅に象徴さ
れる冷戦終結以後の新しい国際環境のもと、1990年代後半のヨーロッパと

米国において、50年以上ほとんど不問に付されてきたユダヤ人財産の返還補償に関わる集団訴訟（「ホロコースト返還訴訟」The Holocaust restitution lawsuits とも呼ばれる）が突如として多発し[33]、これを通じてビジネス・アーカイブズの価値が認識されるという事態が出現した。

　一連の訴訟の先駆けとなったのは、ホロコースト犠牲者名義の休眠口座やナチスとの金塊等の取引に関わったスイス銀行、スイス政府、さらにはスイス国民に対する批判であった（1995年）。スイス政府は独立専門家委員会を設置、同委員会は100名以上の研究者を雇用し、スイス国内外の公文書館、企業アーカイブズをはじめとする民間アーカイブズ機関を調査して、報告書を作成し、インターネットで公開している[34]。同様の事態はフランスでもみられ、BNPパリバなどいくつかの銀行内にアーカイブズ専門部署が設置されたのは、この調査への対応のためであった[35]。

　ドイツを本拠とする化学会社エボニック インダストリーズ社の場合は、前身企業の1つであるデグッサ社がナチス時代に強制収容所で使用された化学薬品（毒ガス）のツィクロンBの生産メーカーであったことに加え、ユダヤ人から略奪した金資産の保有や強制収容所収容者とゲットー住民の強制労働に関わっていたことから、1998年米国で集団訴訟の被告となった。同社はこの分野の研究での第一人者であるピーター・ヘイズ（Peter Hayes）ノースウェスタン大学教授に、社内アーカイブズを用いて事実を解明することを委託し、会社側は調査内容には一切干渉することなく、その結果を公刊している[36]。

　アメリカの自動車メーカー、フォード社のドイツ現地法人も1998年、ユダヤ人強制労働に関わって集団訴訟の被告となった。フォード社の場合は同社アーカイブズ部門が徹底的な社内外の記録資料の収集を行い、詳細な報告書を作成し公表している。2001年末に完了したこのプロジェクトは、ドイツ、イギリス、アメリカの30以上のアーカイブズ機関から約98,000頁の資料を収集し、整理・分析を行い、報告書を作成・公開し、収集した記録資料のデータベース化を行っている。アーキビスト、歴史家、リサーチャーその

他総勢45名に上るチームによるプロジェクトを指揮したのは、アーキビスト出身の同社アーカイブズ・マネージャーで、2003年に迎える100周年記念事業プロジェクトを抱える中での取り組みでもあった[37]。

　スイスにおける集団訴訟に関わって独立専門家委員会の調査を受けた企業の1つ、ロッシュ社の歴史コレクション＆アーカイブズのキュレーターは、1995年から2000年代初頭にかけてのホロコーストに関わる集団訴訟が（意図せずして）企業に対し、アーカイブズの価値を示すに至った点について、次のように語っている。

　　「たとえ現在調査されている出来事が過去に起こったことであり、法的にはすでに期限切れであったとしても、市民の倫理上の関心の変化が、法的行動を引き起こしうることが初めて明らかにされたのである。これはアメリカの裁判権に関する最近の進展結果である。会社が過去にとった行動の証明を可能にする、管理の行き届いたアーカイブズに投資することは、理にかなっていることをはっきりと示す確固たる事実が、突如として目の前に現れたのであった」[38]

3-1-2　欧州での新しい秩序とビジネス・アーカイブズ

　冷戦が終結に向かう1980年代末には、欧州統合を見据えた銀行関係者による、欧州銀行・金融史協会（European Association for Banking and Financial History: EABH）結成への動きが活発化した（1990年11月結成）。同協会はドイツ銀行の主任アーキビストのイニシアティブで結成されたもので、毎年開催される年次会合には必ず銀行アーキビスト向けのワークショップが用意されており、広く参加者を集めている。ワークショップのテーマはデジタル関係が重視されている[39]。欧州以外からの参加者もみられ、欧州にとどまらない幅広いネットワークを築いている。1990年代以降の経済のグローバル化とデジタル化を象徴する、ビジネス・アーカイブズ界における新たなグループの誕生であった。

3-2 グローバル化とデジタル化による企業アーキビストの役割と立ち位置の変化

1990年代以降のグローバル化とデジタル化の進展に関しては、北米の大手企業のアーキビストたちがいち早くこの問題の重要性を認識し、専門職集団として1998年以来、情報交換と討論を重ねている。参加メンバーは「フォーチュン500」（経済誌Fortuneが年に1回選ぶ企業のリスト。総収入によって全米上位500社を格付けする）に含まれる大手企業のアーキビストたちで、毎年1回メンバーの一人がホストとなって「コーポレート・アーカイブズ・フォーラム」（Corporate Archives Forum：CAF）を開催している[40]。

1998年の第1回会合から2010年の第13回会合までの記録は、自由な議論を促進する一方で、機密の保持のため、個々の会社名や発言者名が特定できないように編集され、現在もウェブ上で公開されている（2007年の第10回会合を除く）[41]。取り上げられた話題は多岐にわたる。グローバル化対応、電子文書管理、ウェブ・アーカイビング、デジタル・アセット・マネジメント（DAM）、プロジェクト・マネジメント、電子メール管理、オーディオ・ビジュアル・アーカイブズ、オーラル・ヒストリー、生産性向上、経営合理化対応、イントラネット、著作権、周年行事などである。米国の企業アーカイブズは社外利用に対しては極めて消極的で、欧州の企業アーカイブズに比べると透明性が低いと言われている。しかし、個々の企業アーキビストに関して言うならば、専門職としての情報公開に対する意識は非常に高いものであることをCAFの記録公開は示している。

3-2-1 マネージャーとしての企業アーキビスト

このCAFでの議論やICAにおける企業アーキビストとの情報交換を通じて明らかになってきたのは、1990年代後半以降の企業におけるアーキビストの役割、立ち位置の変化である。それ以前の企業におけるアーキビストの業務といえば、文書等の記録を収集し、あるいは受け入れて、目録を作成し、保存管理し、資料に関する調査研究を行い、利用者からの問い合わせに応

え、閲覧希望があれば出納業務を行うといったものであった。ところが、こういった業務は引き続き求められつつも、企業内の一部門としてのアーカイブズは、社内の様々な業務に積極的に関わり、アーキビスト自体がマネージャーとしての役割を担うことが求められるようになった。

　例えば英国の金融機関HSBCグループ持ち株会社のグローバル・アーカイブズでは、2000年から2002年にかけて、ロンドン・キャナリーワーフの本店エントランスの空間を用いた、約230平方メートルの巨大な年表のインスタレーション作成プロジェクトに携わった[42]。アーカイブズ部門は、外部のデザイン事務所と協力し、所蔵資料から4,000点以上の画像を選び出し、デジタル化、データベース化を行いつつ、ウォールのために画像を1枚あたりA4横サイズに調整し、100以上の被合併金融機関、時間軸、地域的な広がりを考慮した配置・レイアウトを考案するというもので、全社的な案件であった。1990年代まで同社アーカイブズの業務は、収集・受け入れから利用提供に至る伝統的なアーカイブズ業務が中心であったのだが、これ以降、顧客や取引先に対するツアーの企画・実施や学校向け教育プログラムの提供などにも業務を広げていった。その実績を「グローバル・アーカイブズ・レビュー」（年2回発行）というデジタル形式のレポートに掲載し、社内のキー・インフルエンサーに送付する社内アドボカシー活動も重視している（筆者による同社グローバル・アーカイブズ・ヘッドへのインタビューによる）。

　もう1つ、サンフランシスコに本社のあるリーバイ・ストラウス社のアーカイブズにおけるデジタル化プロジェクト[43]を紹介したい。同社アーカイブズは1989年に設置され、広報部門に属している。ヨーロッパの企業アーカイブズとは異なり、所蔵資料を利用するのは基本的に社内ユーザーに限られる。その内訳はデザイナー、パターンメーカー、マスメディア対応、経営幹部、マーケティング、法務関係者であった。2014年段階ではほぼすべての所蔵資料がアナログで、スキャナ未設置、ファイルを電子メールで送ることもできない状況であった。このような状態から、半年間で、スキャニング、索引化とファイル名の付与、クラウドベースのDAMシステムへの約10万件

（アパレル資料の画像約12,000件、カタログ画像約43,000件、写真とアニュアルレポートや経営文書併せて約10,000件、その他）のアーカイブズデータのアップロードを行っている。このプロジェクトのマネジメントを担当したのは、同年6月にAAAノーザンカリフォルニア・ネバダ&ユタ社のアーカイブズからリーバイ・ストラウス・アーカイブズのヒストリアンへと移籍したアーキビストであった。

3-2-2　マーケティング、ブランディングへのアーカイブズ資料の活用

前項で見たように、マネージャーとしてのアーキビストの業務は、アーカイブズのデジタル化と切り離せないものとなっている。デジタル化は一方で、アーカイブズ資料のマーケティングやブランディングへの活用への追い風にもなってきた。2000年代に入ると、企業のアーカイブズ資料を用いたマーケティングに関する刊行物も相次いで出版されている。まず、2003年にドイツで『歴史マーケティング――ビジネスにおいて歴史を扱うためのガイド』(*History Marketing: Ein Leitfaden zum Umgang mit Geschichte in Unternehmen*)[44]が刊行された。同様に、イタリアでも2007年に『ヘリテージ・マーケティング――競争優位性としてのイタリアの企業の歴史』(*Heritage Marketing: La Storia dell'impresa italiana come vantaggio competitivo*)[45]が刊行されている。歴史マーケティング（あるいはヘリテージ・マーケティング）のコンセプトは、企業アーカイブズ関係者に大きな影響を与え、ICAの企業アーカイブズ部会の年次会合のテーマとして、しばしば採用されてきた。

2000年代後半から2010年代、ウェブサイトやブログ、SNSといったデジタル・プラットフォームにおける企業からの情報発信に、企業アーカイブズが歴史コンテンツを提供する機会が増大した。その最も大規模な例はおそらくIBMの創業100周年記念の一連のイベントにおける情報発信だろう。2009年から準備された100周年記念事業[46]では、紙媒体の100年史の販売も2011年末までに625,000部に達するほど好調であったが、これに加え100周年記念動画のYouTubeでの再生回数が120万回、100周年記念ウェブサイ

トは230万ビュー、サイト滞在時間が80,000時間（いずれも2011年末時点）、創業100年目にあたる1月16日の関連ツイート数は43,000超であった。また、この周年記念プロジェクトで特筆すべき事項は、周年記念行事のためのデジタル基盤とするために、DAMシステムを導入し、約10,000の画像と約1,000タイトルの視聴覚資料をデジタル化しメタデータを付与し、DAMに格納するための予算をアーカイブズ部門が提起し実現したことである。

　このほか、前述のストックホルム経営史センターでは、2016年からヒストリー・マーケティングをテーマにした、企業のマーケティング担当者や広報担当者向けのイベントを毎年開催している[47]。このイベントでは、すでにアーカイブズを広報、宣伝、マーケティング等の分野で活用している企業のアーキビストやヒストリアンが登壇し、成功事例をプレゼンテーションする。このイベントは、それまで歴史やアーカイブズと無縁であった広報、宣伝、マーケティング関係者の中に、企業の文化遺産への関心を喚起し、アーカイブズ資料の収集と整理、それらのブランディングやマーケティングへの利用を後押ししている。

3-2-3　ドイツ（語圏）とイタリアにおける企業アーカイブズ協会

　2000年代に歴史マーケティング、ヘリテージ・マーケティングに関する専門書が刊行されたドイツ（語圏）とイタリアでは、他の国々に比べて、アーカイブズのマーケティング、ブランディングへの活用に対して、とりわけ熱心であるように見える。大きな要因の1つに、組織的に安定した基盤を持つ企業アーカイブズ協会の存在、その中での活発なネットワーキング、情報交換があると思われる。ドイツでは1957年に結成されたドイツ・ビジネスアーキビスト協会が2007年に結成50周年を迎え、小ぶりではあるが50年史を刊行している[48]。この時点での会員数（企業、地域経済文書館などの機関）は229、アウディ、BASF、BMW、コメルツバンク、ダイムラー、ドイツ銀行、フォルクスワーゲン（以上ドイツ）、ネスレ、クレディ・スイスグループ（以上スイス）、スワロフスキー（オーストリア）など大手企業が会員に

名を連ねている[49]。

　一方、イタリアでは企業アーカイブズと企業ミュージアムを会員とする協会、ムゼインプレーザ（Museimpresa）[50]が2001年にミラノで誕生している[51]。同協会は、イタリア北部の企業経営者約6,000名を会員とする経営者協会アッソロンバルダ（Assolombarda）[52]とイタリア全国で約15万社が加盟するイタリア産業総連盟（Confindustria）[53]の主導によって設立された。同協会のウェブサイトは情報発信のハブとして、所属する企業ミュージアムとアーカイブズの紹介とメンバー・ミュージアム／アーカイブズへのリンクを行っている。統一感を持ったウェブサイトのデザインには、メンバーであるアーカイブズやミュージアムの所蔵資料が利用されている。ベネトン、カンパリ、ENI、デュカティ、フェンディ、フェラガモ、フィラ、ピレリなど日本でも知られたイタリア企業がメンバーに含まれる。

3-2-4　企業アーカイブズの利用者・閲覧者の拡大

　伝統的なアーカイブズ業務、すなわち目録（検索手段）や閲覧に関わる部分では、インターネットを通じて、より広範な層による利用促進に取り組む企業アーカイブズが現れている。以前であれば企業アーカイブズの目録は、社内限定で、多くの場合はアーカイブズ部門が作成者兼管理者兼利用者という状態が普通であった。しかし、近年デジタル化によって、社内のアーカイブズ部門以外からの目録データベースへのアクセスを認める企業も増え、さらに社外に対するサービスを開始した企業も現れつつある。例えば英国のユニリーバ[54]やブーツUK[55]のアーカイブズは目録データベースのウェブ公開を開始している。あるいはスウェーデンのIKEAミュージアムでは、同社アーカイブズが所蔵する創業以来のスウェーデン語の商品カタログ70年分のオンライン公開を2020年に開始している[56]。

　前述のインテーザ・サンパオロ歴史アーカイブズの場合、目録、歴史アーカイブズガイド、写真資料の一部、歴史地図などのウェブ公開に加え、2016年からは歴史遺産をオンラインで管理、統合、公開し、資源の共有とデー

タの再利用を可能にするためにリンクト・オープン・データ(LOD)プロジェクトを開始している[57]。これは同アーカイブズの「文化プロジェクト」(Progetto Cultura)の一部で、(1)1938年から1945年にかけてファシスト政権が行ったユダヤ人財産の没収に関するエジェリ基金のデータを用いた「エジェリ・プロジェクト」(*Progetto Egeli*)[58]、(2)イタリアの産業や企業の資金調達に焦点をあてた「アーカイブズ、なんというビジネス!」(*Archivi. Che imprese!*)、そして(3)同行に関連する重要な人物の文献に関わる情報をLODで提供する「頭取・人物書誌」(*Bibliografia dei Presidenti e delle personalita*)[59]の3つのプロジェクトである。(2)は2020年11月現在も進行中である。担当アーキビストによると、イタリアの民間企業のアーカイブズでLODに取り組み始めた最初の例ではないかという。

　以上のように、欧州の企業アーカイブズのいくつかは、インターネットを介したアーカイブズの利用者・閲覧者拡大のための取り組みを進めつつある。

3-3　デジタル記録の長期保存問題

　業務上作成されるデジタル記録を真正性、信頼性、完全性及び使用性を損なわずに、長期的に保存することは、銀行をはじめとする金融業界各社を中心に深刻な課題と認識されている。そのため、HSBC、ロイヤルバンク・オブ・スコットランド、ロイズ・バンキング・グループ、イングランド銀行といった金融機関は、デジタルデータの長期保存と継続的アクセス確保のために、英国国立公文書館館長、英国図書館館長、JISC(英国情報システム合同委員会)事務総長といったパブリック・セクターの関係者が2002年に立ち上げたデジタル保存連合(Digital Preservation Coalition: DPC)に加入している。ユニリーバ社のアーカイブズ部門やワーナーブラザース、バカルディ・マティーニ社、BTといった金融業以外の民間企業もDPCの会員である[60]。

　このうちHSBCが2009年から2015年にかけて取り組んだ、グローバル・デジタル・アーカイブズ・システムの開発と導入に関しては、費用については非公開だが、導入・開発過程についてはある程度公開されている[61]。こ

れによるとOAIS参照モデルに関する調査から始まり、システム導入のリスクと便益を評価したのち、ラインマネージャーと予算承認者、ITファンクション、レコードマネージャー・その他情報管理専門職、リスクファンクション(特に情報セキュリティ)、法務・コンプライアンスファンクション、購買ファンクション(ベンダーが関与する場合)、マーケティング・ブランド・広報、社内アーカイブズ利用者、社外アーカイブズ利用者(広告代理店、研究者など)といった関連するステークホルダーとの意見交換を経て、企画書作成、詳細要件確定、入札、開発、テスト、実装、ユーザーのための研修実施といった一連のプロセスにアーカイブズ部門が関わっている。なお、入札の結果、システム開発を担当するパートナー企業に選ばれたのはプリザービカ(Preservica)社であった。

3-4　アジアの企業アーカイブズの発展

　1990年代以降はアジアにおいてもアーカイブズに注目し、これを社内に開設する企業が増加しつつある。

3-4-1　中国の躍進

　中国では、日本やインド、あるいは北米やヨーロッパとは異なり、アーカイブズと記録管理を所管する中央政府機関、国家档案局が企業アーカイブズについても監督する立場にある。1992年の市場経済への移行以後、特に2000年前後から国家档案局の指導で、企業内におけるアーカイブズを含む記録管理のための標準・規格の普及が強力に進められた[62]。国家档案局では、全国のアーカイブズ(档案館)を対象にした五カ年計画も策定している。2016年に定められた「全国档案事業発展第十三次五カ年計画綱要」で示された「アーカイブズ利用サービスの深化と発展」のための優良事例選定制度は、一種の表彰制度として、企業アーカイブズを活用するモチベーションのアップに役立っているだろう。

3-4-2　インドでのビジネス・アーカイブズの発展

　インドで最初の企業アーカイブズは、1991年、ボンベイ(現ムンバイ)に開設されたタタ・グループのアーカイブズ、タタ・セントラル・アーカイブズ(Tata Central Archives: TCA)である。さらに1997年に創業100年を迎えたゴードレージ・グループがこれに続いた。2006年に開設されたゴードレージ・アーカイブズ(Godrej Archives)は2014年にDAMシステムの導入プロジェクトを立ち上げて、アーカイブズのデジタル化を進めている[63]。2010年代にはさらにいくつかの企業がアーカイブズを社内に設置したほか、アーカイブズ活動をサポートする専門コンサルタント業も広まりつつある。

3-5　その他の動き

　このほかに1990年代以降の世界のビジネス・アーカイブズに関連する注目すべき点として次の3つを挙げておきたい。

　1つ目はイギリスである。イギリス国立公文書館はBACやその他のパートナーと連携して、2009年から「ビジネス・アーカイブズに関する全国的戦略」キャンペーンを行った。このキャンペーンの一環として作られたウェブサイトManaging Business Archives[64]は、「ビジネス・アーカイブズに関する全国的戦略」キャンペーンが終了した現在も更新が続けられており、ビジネス・アーカイブズをスタートしようと考える世界中の人々に役立つデジタル・リソースとなっている[65]。

　2つ目は、2014年にイタリア・アーキビスト協会の中に、ビジネス・アーキビスト・グループ(Gruppo Italiano Archivisti d'Impresa: GIAI)が結成されたことである[66]。インテーザ・サンパオロ歴史アーカイブズの元ディレクターがグループのリーダーを務めている。インテーザ・サンパオロ歴史アーカイブズのLODプロジェクトが、他の企業アーカイブズにも広がっていくかもしれない。

　3つ目はビジネス・アーカイブズが存在しなかった中東欧において、企業のアーカイブズやヘリテージに対する注目と関心が生まれてきた点である。

日本への留学経験を持つ研究者が、日本の経営史学と企業アーカイブズに大きな影響と刺激を受け、現在は中東欧におけるアーカイブズとヘリテージの掘り起こしと経営史学の推進に取り組んでいる[67]。日本のビジネス・アーカイブズに関わる知識、経験、専門性、活動の蓄積が、今後さらに他の地域の関係者にインパクトを与える可能性を感じさせる動きである。

4　おわりに

　本章では、企業アーカイブズの出現以降の注目すべき事例や出来事を取り上げながら、世界のビジネス・アーカイブズのこれまでの歩み、地域ごとの特徴、現在の状況を紹介してきた。

　事業活動から生み出されるアーカイブズ資料の整理・保存と活用は、非常に地味で根気を要する作業が多く、組織の中の部署としてのアーカイブズは人目につきにくい。アナログ時代の企業アーカイブズは利益に直接結びつく要素を欠いていたため、北米の項で紹介したように、景気が悪くなれば「オーバーヘッド（付帯的コスト）はカットしましょう」という議論の矛先を向けられがちであった。しかし過去の歴史の問い直しで見たように、人々の倫理上の関心が、会社が過去にとった行動に向かうとき、アーカイブズに依拠して対応することは、ステークホルダーとの信頼関係の創出に貢献する。企業アーカイブズが持つ、この倫理的な力こそ、企業のサステナビリティを根底で支え、「企業活動を通じた公益の追及」（渋沢栄一）を可能にする。

　さらに、「インタンジブル・アセット（無形資産）」とされるブランドを目に見える形で示してくれるのがアーカイブズである。このことは、1990年以降のデジタル化とグローバル化の中での企業アーカイブズの変化、すなわちブランディング、マーケティングへのアーカイブズの利活用機会の増大の中に見て取れる。また、インターネットその他による、アーカイブズ資料への社外からのアクセスの拡大は、一方では企業情報の開示による透明性の向上というコーポレート・ガバナンスやCSRに関わる課題であるとともに、他

方ではそれ自体が企業ブランディングの1つの方法でもある。

　かつては社内においてさえも目立たず、知られることが少なかったビジネス・アーカイブズは、デジタル化・グローバル化の時代を迎え、その潜在的な価値を着実に増しつつある。この価値を現実のものとするために、本章がわずかでも役立てば幸いである。

注

1）　Martin Häußermann（2007）*50 Jahre Vereinigung deutscher Wirtschaftsarchivare: 1957-2007*, Vereinigung deutscher Wirtschaftsarchivare e. V., ed., Vaihingen: IPa Verlag, 9.

　　Karl-Peter Ellerbrock（2014）Between Credibility, Mutual Trust and Corporate Interests: Regional Business Archives as Partners of Historical Research and Economic Business, *Crisis, Credibility and Corporate History*, Alexander Bieri ed., Liverpool University Press, 78.

2）　1999年にクルップ社（Krupp）がティッセン社（Thyssen AG）社と経営統合して現在事業を行うティッセンクルップ社のウェブサイトによる。Thyssenkrupp AG（https://www.thyssenkrupp.com/de/unternehmen/historie/archive）（最終アクセス：2021年3月28日）

3）　前掲注（1）.

4）　大谷明史（1987）「S. v. Weiher氏の講演を聴いて」、近江哲史（1987）「講演要旨と感想」『企業史料協議会ニューズレター』28.

5）　前掲注（1）のKarl-Peter Ellerbrockによる論稿、77-78。

6）　同上、79。1990年以降も地域企業文書館の新設が続き、2015年時点では、すでに挙げた都市のほかに、ダルムシュタット、ライプチヒ、ヴォルフェンビュッテル、ハンブルク、ベルリン・ブランデンブルク、エアフルト、エムデンに設置されている。

7）　Vereinigung deutscher Wirtschaftsarchivare e.V（https://www.wirtschaftsarchive.de/）（最終アクセス：2021年3月28日）

8）　前掲注（4）.

9）　同上。シーメンスのアーキビストの講演によれば、1987年当時、すでに1970年以降の資料の目録は電子的に作成し、検索に用いていた。

10）　イギリスに関する本項は以下の文献を参照した。Peter Mathias（1984）The First

Half Century: Business History, Business Archives and the Business Archives Council, *Business Archives*, 50, 1-16. John Armstrong（1993）The Golden Decade: the Business Archives Council 1984-1994, *Business Archives Sources and History*, 66, 1-15. 以下でデジタル版アクセス可能。The Business Archives Council Journal Archive（https://www.businessarchivesjournals.org.uk）（最終アクセス：2021年3月28日）

11）　渡辺悦子（2014）「イギリス国立公文書館の連携事業」『アーカイブズ』54, 50-51. 国立公文書館（http://www.archives.go.jp/publication/archives/wp-content/uploads/2015/03/acv_54_p50.pdf）（最終アクセス：2021年3月28日）

12）　Business Archives Council of Scotland（https://busarchscot.org.uk/about/a-brief-history-of-bacs/）（最終アクセス：2021年3月28日）

13）　Henrik Fode and Jørgen Fink（1999）Business Archives in Scandinavia, *Archives and Manuscripts*, 27（2）, 59-60.（https://publications.archivists.org.au/index.php/asa/article/download/8791/8785）（最終アクセス：2021年3月28日）

14）　Gustav Danielson（1985）The Finnish Business Archives Association, *Business Archives*, 51, 13. 以下でデジタル版アクセス可能。The Business Archives Council Journal Archive（https://www.businessarchivesjournals.org.uk）（最終アクセス：2021年3月28日）

15）　「企業団体情報：ストックホルム経営史センター」『ビジネス・アーカイブズ通信（BA通信）』71（2017年5月30日）（https://www.shibusawa.or.jp/center/ba/bn/20170530.html#02）（最終アクセス：2021年3月28日）

16）　「行事情報：国際文書館評議会（ICA）企業労働アーカイブズ部会（SBL）」『ビジネス・アーカイブズ通信（BA通信）』15（2009年3月19日）（https://www.shibusawa.or.jp/center/ba/bn/20090319.html）（最終アクセス：2021年3月28日）

17）　Roger Nougaret（1995）Business Archives in France, *Business Archives Principles and Practice*, 99, 53. 以下でデジタル版アクセス可能。The Business Archives Council Journal Archive（https://www.businessarchivesjournals.org.uk）（最終アクセス：2021年3月28日）

18）　ディディエ・ボンデュー（平野泉訳）（2012）「フランスのビジネス・アーカイブズ、経営に役立つツールとして――サンゴバン社の事例」『世界のビジネス・アーカイブズ――企業価値の源泉』公益財団法人渋沢栄一記念財団実業史研究情報センター編、日外アソシエーツ、29-31.

19）　Associazione Nazionale Archivistica Italiana: ANAI（http://www.anai.org/anai-cms/cms.view?munu_str=0_0_1&numDoc=12）（最終アクセス：2021年3月28日）

20） Newsletter No.1, September 2016, Newsletter archive, Progetto Cultura, Intesa Sanpaolo, 1.（https://progettocultura.intesasanpaolo.com/wp-content/uploads/2020/03/NEWS_ENG1. pdf）（最終アクセス：2021年3月28日）

21） 前掲注（20）.

22） Michael Nash（1997）Business History and Archival Practice: Shifts in Sources and Paradigms, *The Records of American Business*, James M. O'Toole ed., Society of American Archivists, 11-17.

23） Elizabeth W. Adkins（1997）The Development of Business Archives in the United States: An Overview and a Personal Perspective, *The American Archivists*, 60（1）, 11.（DOI: https://doi.org/10.17723/aarc.60.1.qk640m762t10g348）（最終アクセス：2021年3月28日）

24） Karen Benedict（1997）Collecting Repositories and Corporate Archives: Variations on a Theme?, *The Records of American Business*, James M. O'Toole ed., Society of American Archivists, 351.

25） 前掲注（24）.

26） Paul C. Lasewicz（2017）Advocacy, Outreach and the Corporate Archivist, *The International Business Archives Handbook*, Alison Turton ed., Routledge, 401, 423-424.

27） 青木直己(2015)「ビジネス・アーカイブズの現状と利用：社史から地域を知る」『国文学研究資料館紀要』11, 96-97.（DOI: doi/10.24619/00001472）（最終アクセス：2021年3月28日）

28） 住友史料館(https://www.shiryokan.jp/about/history.html)（最終アクセス：2021年3月28日）

29） 公益財団法人三井文庫(http://www.mitsui-bunko.or.jp/archives/history.html)（最終アクセス：2021年3月28日）

30） 公益財団法人三菱経済研究所(http://www.meri.or.jp/shiryo/mer300j.htm)（最終アクセス：2021年3月28日）

31） もう1つの大きな要因として、専門職としてのアーキビスト(やレコードマネージャー)の不在、もしくはそのような業務の必要性やこれに携わるアーキビストという仕事について知られていないことがある。アーキビストによる資料整理(目録作成等)と資料研究なしには、利用希望者に文書を提供することは不可能である。どのような文書が含まれるのか判然としないファイルは、社外はもちろんのこと、社内においてすら活用することは困難である。リスクとなりうる情報や個人情報の有無といったものを事前に把握しておく必要があるからである。

32)　町田小織(2020)「日本における企業博物館とその多様性に関する一考察——計量テキスト分析による類型化と可視化を通して」『博物館学雑誌』73, 111-129. 同論文では企業博物館数を1,000近くとする樺山紘一、半田昌之といった博物館学専門家による意見も紹介されている。(https://toyoeiwa.repo.nii.ac.jp/?action=repository_uri&item_id=1576&file_id=22&file_no=1)(最終アクセス：2021年3月28日)

33)　Barry Meier (1998) Jewish Groups Fight for Spoils of Swiss Case, *The New York Times*, Nov. 29.(https://www.nytimes.com/1998/11/29/world/jewish-groups-fight-for-spoils-of-swiss-case.html)(最終アクセス：2021年3月28日), Michael J. Bazyler (2004) Suing Hitler's Willing Business Partners: American Justice and Holocaust Morality, *Jewish Political Studies Review* 16(3/4), Fall. (https://www.jcpa.org/phas/phas-bazyler-f04.htm)(最終アクセス：2021年3月28日)

　　冷戦によりユダヤ人財産問題が凍結されていた経緯については、武井彩佳(2006)「ユダヤ人財産の返還補償の再展開——アメリカにおけるホロコースト訴訟との関連で」『現代史研究』52, 57-70.(https://doi.org/10.20794/gendaishikenkyu.52.0_57)(最終アクセス：2021年3月28日)

34)　Independent Commission of Experts Switzerland-Second World War (ICE)(https://www.uek.ch/en/index.htm)(最終アクセス：2021年3月28日)

35)　Roger Nougaret (2002) The Discovery of Jewish Assets: Recent Developments in the Banking Archives of France, *Business Archives Principles and Practice*, 83, 24-29. 以下でデジタル版アクセス可能。The Business Archives Council Journal Archive(https://www.businessarchivesjournals.org.uk)(最終アクセス：2021年3月28日)

36)　Peter Hayes (2007) *From Cooperation to Complicity: Degussa in the Third Reich*, Cambridge University Press.

　　「行事情報：英国国立公文書館公開講演会」『ビジネス・アーカイブズ通信(BA通信)』49(2014年2月20日)「行事情報：英国国立公文書館公開講演会」(https://www.shibusawa.or.jp/center/ba/bn/20140220.html#01)(最終アクセス：2021年3月28日)

37)　Elizabeth W. Adkins (2003) A History of the Ford Motor Company Archives, with Reflections on Archival Documentation of Ford of Europe's History, *Ford, 1903-2003: The European History*, Hubert Bonin et al., eds., P.L.A.G.E., 27-67.

38)　アレクサンダー・L・ビエリ(中臺綾子訳)(2012)「企業のDNA——成功への重要なカギ」『世界のビジネス・アーカイブズ——企業価値の源泉』公益財団法人渋沢栄一記念財団実業史研究情報センター編, 日外アソシエーツ, 222.

39)　「行事情報：欧州銀行・金融史協会(EABH)アーキビストのためのサマースクー

ル」『ビジネス・アーカイブズ通信（BA通信）』45（2013年6月29日）（https://www.shibusawa.or.jp/center/ba/bn/20130629.html）（最終アクセス：2021年3月28日）

40）「文献情報：「コーポレート・アーカイブズ・フォーラム（CAF）1998〜2010」」『ビジネス・アーカイブズ通信（BA通信）』52（2014年7月15日）（https://www.shibusawa.or.jp/center/ba/bn/20140715.html）（最終アクセス：2021年3月28日）

「文献情報：「コーポレート・アーカイブズ・フォーラム（CAF）」2」『ビジネス・アーカイブズ通信（BA通信）』53（2014年8月2日）（https://www.shibusawa.or.jp/center/ba/bn/20140802.html）（最終アクセス：2021年3月28日）

CAFの会合記録のほかに、SAAの企業アーカイブズ部会が1997年以来オンラインで公開している北米の企業団体アーカイブズ・ディレクトリも、新しい時代の企業アーカイブズのアドボカシーにとって重要なデジタル・リソースである。SAA Directory of Corporate Archives in the United States and Canada（https://www2.archivists.org/groups/business-archives-section/directory-of-corporate-archives-in-the-united-states-and-canada-introduction）（最終アクセス：2021年3月28日）

41）Corporate Archives Forum（http://www.hunterinformation.com/caf.htm）（最終アクセス：2021年3月28日）

42）「企業団体情報：HSBCグローバル・アーカイブズ　ロンドン（イギリス）」『ビジネス・アーカイブズ通信（BA通信）』49（2014年2月20日）（https://www.shibusawa.or.jp/center/ba/bn/20140220.html#04）（最終アクセス：2021年3月28日）

43）Tracey Panek（2017）From Blue Jeans to Data Bytes: Designing a Fashion-forward Digital Archives, *Creating the Best Business Archive: Achieving a Good Return on Investment*, Francesca Pino ed., Hoepli, 235-243.

44）Alexander Schug（2003）*History Marketing: Ein Leitfaden zum Umgang mit Geschichte in Unternehmen*, transcript Verlag.

「文献情報：アーカイブズとマーケティング1『歴史マーケティング――ビジネスにおいて歴史を扱うためのガイド』」『ビジネス・アーカイブズ通信（BA通信）』42（2012年12月12日）（https://www.shibusawa.or.jp/center/ba/bn/20121212.html）（最終アクセス：2021年3月28日）

45）Marco Mongemaggi and Fabio Severino（2007）*Heritage Marketing: La storia dell'impresa italiana come vantaggio competitivo*, Franco Angeli.

「文献情報：イタリアの企業アーカイブズ関連文献『ヘリテージ・マーケティング――競争優位性としてのイタリアの企業の歴史』(2007年)」『ビジネス・アーカ

イブズ通信（BA 通信）』87（2020 年 10 月 13 日）（https://www.shibusawa.or.jp/center/ba/bn/20201013.html#02 ）（最終アクセス：2021 年 3 月 28 日）

46）　前掲注(26)，413, 418-420.

47）　Center for Business History（https://www.naringslivshistoria.se/en/cfn-nyheter/history-marketing-summit-16/）（最終アクセス：2021 年 3 月 28 日）

48）　前掲注(1)の *50 Jahre Vereinigung deutscher Wirtschaftsarchivare: 1957-2007.*

49）　VdW のウェブ上の会員データベースにて現在のメンバーを検索することができる。Wirtschaftsarchivportal WAP（http://www.wirtschaftsarchivportal.org/）（最終アクセス：2021 年 3 月 28 日）

50）　Museimpresa（https://museimpresa.com/）（最終アクセス：2021 年 3 月 28 日）

51）　これに先立ち 1991 年 10 月にミラノ商工会議所がスポンサーとなり、企業文化センターが結成されている。Centro per la Cultura d'impresa: Innovazione Storie Reti Persone（http://www.culturadimpresa.org/）（最終アクセス：2021 年 3 月 28 日）。2000 年代にはウェブサイトに ICA の企業アーカイブズ関係部会の会員が投稿するなど活発に活動していた。2021 年にムゼインプレーザの会員となっている。News: Nuovi Associati, Museimpresa（https://museimpresa.com/2021/02/08/nuovi-associati/）（最終アクセス：2021 年 3 月 28 日）

52）　Assolombarda（https://www.assolombarda.it/）（最終アクセス：2021 年 3 月 28 日）

53）　Confindustria（https://www.confindustria.it/）（最終アクセス：2021 年 3 月 28 日）

54）　Unilever Online Catalogue（http://unilever-archives.com/）（最終アクセス：2021 年 3 月 28 日）

55）　Walgreens Boots UK Archives Online Catalogue（http://archives.walgreensbootsalliance.com/）（最終アクセス：2021 年 3 月 28 日）

56）　IKEA Museum（https://ikeamuseum.com/en/startpage/）（最終アクセス：2021 年 3 月 28 日）

57）　Linked Open Data - Archivio Storico Intesa Sanpaolo（http://lod.xdams.org/archivio-intesasanpaolo/）（最終アクセス：2021 年 3 月 28 日）

58）　Archivio Storico Intesa Sanpaolo Fondo Egeli（https://asisp.intesasanpaolo.com/egeli/）（最終アクセス：2021 年 3 月 28 日）

59）　L'"infrenabile Clio" / Raffaele Mattioli（http://lod.xdams.org/archivio-intesasanpaolo/spoglio.rdf/106-571/html）（最終アクセス：2021 年 3 月 28 日）これは同プロジェクトのページの事例。

60） Digital Preservation Coalition, Member list（https://www.dpconline.org/about/members）
（最終アクセス：2021年3月28日）

　「企業団体情報：デジタル保存連合（DPC）/ HSBCがDPCアワード受賞」『ビジネ
ス・アーカイブズ通信（BA通信）』69（2017年2月14日）（https://www.shibusawa.or.jp/
center/ba/bn/20170214.html）（最終アクセス：2021年3月28日）

61） William Kilbride, James Mortlock and Tina Staples（2017）Managing Digital Business
Archives, *The International Business Archives Handbook*, Alison Turton ed., Routledge, 316-
355.

　ほかに、「講演ノート：つながる世界のビッグデータ――敵か味方か？」『世界／
日本のビジネス・アーカイブズ』（https://www.shibusawa.or.jp/center/ba/bunken/doc014_
staples.html）（最終アクセス：2021年3月28日）

62） 王嵐（古賀崇訳）（2012）「資産概念の導入と中国における企業の記録管理へのその
効果」『世界のビジネス・アーカイブズ――企業価値の源泉』公益財団法人渋沢栄一
記念財団実業史研究情報センター編，日外アソシエーツ，91-114.

　「文献情報：中国のビジネス・アーカイブズ　最近の動向　2019年度全国企業档案
情報資源開発利用に関する優秀事例選定結果」『ビジネス・アーカイブズ通信（BA通
信）』85（2020年3月19日）（https://www.shibusawa.or.jp/center/ba/bn/20200319.html#01）
（最終アクセス：2021年3月28日）

　日本の企業史料協議会は1992年に中国档案学会との間で学術交流協定を結び、相
互訪問を通じた交流活動を行ってきたが、2005年11月を最後に交流が途絶えている。
中国側の企業資料管理とりわけデジタル技術水準の向上もその一因ではないかと考
えられる。

63） ヴルンダ・パターレ（宮本隆史訳）（2012）「企業という設定のなかで歴史を紡ぐ
――ゴードレージ・グループのシナリオ」『世界のビジネス・アーカイブズ――企業
価値の源泉』公益財団法人渋沢栄一記念財団実業史研究情報センター編，日外アソシ
エーツ，160-161.

　「文献情報：ゴードレージ・アーカイブズにおけるデジタル化の取り組み」『ビジ
ネス・アーカイブズ通信（BA通信）』74（2018年3月2日）（https://www.shibusawa.or.jp/
center/ba/bn/20180302.html#03）（最終アクセス：2021年3月28日）

64） Managing Business Archives（https://managingbusinessarchives.co.uk/）（最終アクセス：
2021年3月28日）

65） スコットランドにおいても2010年から「ビジネス・アーカイブズに関する全国的

戦略」が実施された。

66）Associazione Nazionale Archivistica Italiana: ANAI（http://www.anai.org/anai-cms/cms.view?munu_str=0_1_2&numDoc=126）（最終アクセス：2021年3月28日）
　　「企業団体情報：イタリアの企業アーカイブズ関連団体〔前編〕」『ビジネス・アーカイブズ通信（BA通信）』87（2020年10月13日）（https://www.shibusawa.or.jp/center/ba/bn/20201013.html#01）最終アクセス：2021年3月28日）
67）「行事情報：中東欧のビジネス・アーカイブズに関わる最近の動向」『ビジネス・アーカイブズ通信（BA通信）』86（2020年5月29日）（https://www.shibusawa.or.jp/center/ba/bn/20200529.html#02）（最終アクセス：2021年3月28日）

第2章

ポーラ文化研究所における文化資産の展開

「化粧文化データベース」を中心に

川上博子

　本章では、株式会社ポーラ・オルビスホールディングス　ポーラ文化研究所(東京都品川区)がもつ文化資産[1])の公開、展開について、「化粧文化データベース」[2)]にかかわる取り組みを中心に述べる。

1　ポーラ文化研究所について

1-1　設立と理念
　ポーラ文化研究所は、化粧を美しさの文化として捉え、学術的に探求することを目的として、1976年5月15日に株式会社ポーラ化粧品本舗(現株式会社ポーラ)において設立された。
　「企業メセナ」という言葉が普及するのは約10年後のことであったが、1975年、株式会社ポーラ化粧品本舗は「美と健康にかかわる事業を通じて、豊かで平和な社会の繁栄と文化の向上に寄与する」という企業理念を掲げ文化事業に着手した[3)]。翌1976年に設立されたのがポーラ文化研究所である。設立には、「化粧品を扱う企業は、『美』や『文化』に当然関係しており、これに貢献しなければならない」といった使命ともいえる思いが込められていた[4)]。以来、美および文化、とりわけそれまでほとんど手のつけられていなかった化粧に関わる文化について、新しい光をあて研究、その成果や所蔵資

料を広く社会へ公開する活動を続けてきた。2節で述べる「化粧文化データベース」は、ポーラ文化研究所が長年蓄積してきた文化資産を、さらに広く、多くの人に向けて公開するという使命感、強い思いが基盤にある取り組みである。

1-2 活動と所蔵資料公開

　ポーラ文化研究所では、日本と西洋を中心に、古代から現代までの化粧文化に関する資料の収集・保存と調査研究を行っている。化粧道具・装身具・浮世絵といった資料約6,500点、書籍約16,000冊を所蔵する。また、1970年代後半より現代を生きる人々の化粧・意識・ライフスタイルにスポットをあてたアンケート調査を実施している。独自の視点で分析した調査レポートは約150点を数える。研究の成果や所蔵資料は、国内外の美術館・博物館での展示、レクチャー、出版物、ホームページ等を通じて公開してきた。

　2005年6月には、化粧文化の専門図書館であるポーラ化粧文化情報センターを開設した(図1)。蔵書閲覧のほか、レファレンス、所蔵資料のミニ展示、設置PCでの資料紹介等を行っている。

図1　ポーラ化粧文化情報センター

ポーラ化粧文化情報センターのサービスの一環として、WEB公開しているのが「蔵書データベース」[5]である（図2）。化粧の歴史、美容法、化粧品、化粧道具、髪型、ファッション、美人観等に関する約13,000件[6]の蔵書目録を検索できる。目次も検索の対象とし、探している資料にたどり着きやすくする設定としたほか、一部の蔵書には解題を付け、付加価値を含めた提供を狙っている。

　なお、「蔵書データベース」で検索した資料は、ポーラ化粧文化情報センターにて閲覧が可能である。ポーラ化粧文化情報センターでは、開架している資料約3,000冊を自由に閲覧できるが、その他の資料は保存・管理上の理由から閉架書庫にある。閉架書庫内の資料を利用する場合、「蔵書データベース」で閲覧したい資料を検索、利用者からの請求に応じて資料を提供する方法をとっている。

図2　「蔵書データベース」トップ画面

2 「化粧文化データベース」の取り組み

2-1 化粧文化に特化したデータベース

「化粧文化データベース」は、ポーラ文化研究所がこれまで収集・保存してきた化粧文化に関する資料を検索・閲覧できるデータベースである(図3)。化粧文化に特化したデータベースであり、一部の資料を除き、化粧の部位やプロセスという観点から独自分類を導入、化粧文化に関する広範な分野の事項の分類解決を図っている。2018年11月よりWEB公開をスタートしており、次にあげる資料約11,000件を検索・閲覧できる。

①化粧道具類(化粧道具・髪飾り・鏡・扇等のポーラ文化研究所所蔵の立体資料)

②浮世絵・版画類(浮世絵・版画・写真・ポスター等のポーラ文化研究所所蔵の平面資料)

③新聞記事(ポーラ文化研究所が収集した化粧やよそおいに関する新聞記事の見出しを中心とする情報)

④雑誌記事(ポーラ文化研究所が収集した化粧やよそおいに関する雑誌記事の見出しを中心とする情報)

⑤化粧史関連事項(『化粧史文献資料年表』[7]掲載の化粧やよそおいに関する事項)

前述のように「化粧文化データベース」では、①化粧道具類、②浮世絵・版画類、③新聞記事、④雑誌記事、⑤化粧史関連事項といった資料を公開している。このうち、①と②は、ポーラ文化研究所の所蔵資料である。所蔵資料約6,500点のうち、画像や解説等の情報を付与、デジタルでの公開に着手できるものを優先し、現在1,944点を公開している。また、ポーラ文化研究所独自の化粧に関する分類を設定し(例:紅、お歯黒、白粉・ベースメーク等)、カテゴリ検索を行えるようにしている。

図3　「化粧文化データベース」トップ画面

　③と④は、ポーラ文化研究所が収集、保管している化粧やよそおいに関する新聞、雑誌記事のテキスト情報である。見出しにあたるタイトルと媒体名、発行時期といった情報を公開している。現在、新聞記事は1976〜2017年、雑誌記事は2017〜2018年分を検索でき、記事の原本はポーラ化粧文化情報センターにおいて閲覧できる。なお、「化粧文化データベース」で公開している新聞・雑誌記事は、発行元である新聞・雑誌社に公開の許諾を受けている。

　「化粧文化データベース」で公開する新聞・雑誌記事のデータは、記事のテキスト全文や画像を含まないものであるが、企業が設置するデータベースという観点から、許諾を得た上での公開を進めた。なお、2018年の著作権法改正を受けた新聞・雑誌記事のデジタル化、蓄積については『専門図書館と著作権Q＆A　第4版』[8)]で以下のように記載されている。

　　2018年の著作権法改正により、著作物に表現された思想又は感情の享受を目的としない利用の場合(例：AIによる深層学習、技術開発・実用

化実験)(法30条の4)、電子計算機における著作物の利用に付随する利用等(例:キャッシュ・バックアップ)(法47条の4)、所在検索サービス(例:書籍検索サービス)・情報解析サービス(例:剽窃発見サービス)の場合(法47条の5)も可能になりました。

このため、例えば新聞記事や雑誌記事を電子化して蓄積してデータベースを構築する際、以下の場合には、著作権者の許諾が不要となる可能性が出てきました。

①それらの記事の書誌情報や所在情報のみを表示する場合

②それらの記事中の当該キーワードを含む文章の一部分を提供する(いわゆる「スニペット表示」)に止める場合。

法制度や公的なガイドラインのもと、デジタル化、データベース公開に取り組むべきことはいうまでもない。企業にとって行わなければならない権利処理の範疇や、具体的にどのように行うのかを、的確に理解し、取り組むことが課題である。また、データベースの公開後も、最新の制度や権利問題に関して迅速に把握、理解し、取り組みに反映する必要性を強く感じている。

⑤は、化粧やよそおいに関する事項(情報)である。ポーラ文化研究所は、記紀の時代から大正時代までの文献から、化粧やよそおいに関する事項を抽出、注解を付けて年表形式にまとめた書籍『化粧史文献資料年表』を発行している。この『化粧史文献資料年表』に掲載した、化粧やよそおいに関する事項を「化粧文化データベース」で公開した。各事項の『化粧史文献資料年表』の掲載ページを付与しており、書籍の索引として利用できるようにした。

2-2 「化粧文化データベース」の公開

「化粧文化データベース」を公開するまで、化粧道具をはじめとする資料は、美術館等での展示やポーラ化粧文化情報センター、出版物、ホームページ等を通じて公開していたが、デジタルで広く提供する仕組みをもっていなかった。「化粧文化データベース」公開には、これまで継続的に蓄積してきた化粧

文化に関する資料を広く社会に発信するという、ポーラ文化研究所の強い思いが根底にあった。

　ポーラ文化研究所では当初、研究資料の記録を紙媒体(カード、台帳等)、ポジ・ネガフィルムのアナログ中心に行っていたが、社会における記録媒体のデジタル化が進むとともに、デジタルでの記録に順次移行した。2000年代には、非公開の内部データベースの運用を本格的に開始、ポーラ文化研究所内の研究や情報発信の際に活用していたが、データベースの一般公開については検討段階であった。ポーラ文化研究所内で所蔵資料のデジタルでの記録が一定量進んだこと、スマートフォンの普及や幅広い年代でインターネット利用率が上昇[9]している社会状況等から、2015年より公開データベースの企画をスタートさせた。そして2018年、ポーラ文化研究所がもつ化粧文化に関する資料を広く社会に発信することを目的に、WEBを通じていつでも、どこでも、だれでも利用できる「化粧文化データベース」の公開が実現した。

　「化粧文化データベース」の公開をきっかけに、ポーラ文化研究所はデジタルアーカイブ推進コンソーシアム[10]が主催する「2018年度デジタルアーカイブ産業賞」の貢献賞を受賞した。「単に収蔵品を紹介するページを作成するだけでなく、メタデータを含むDBとして公開している点、また企業の持つ情報のDB化・公開を奨励する観点から、最近の事例「化粧文化データベース」を持つポーラ文化研究所は貢献賞に相応しい」という受賞理由[11]は、メンバー一同、大変励みになるものであり、同時に、文化資産を広く社会へ向けて公開する企業の活動が社会から強く求められていることを実感するものであった。また、「化粧文化データベース」の取り組みは、「2019年度ポーラ・オルビスグループCSR賞」[12]の努力賞も受賞している。文化資産の積極的な発信、オープン化は企業におけるCSRの観点からも重きがおかれるものといえよう。

3　他機関との連携・協力

　ここまで、「化粧文化データベース」をはじめとする自組織での文化資産の公開を述べてきたが、他機関との連携・協力を通じ、さらなる文化資産の公開・活用を狙った取り組みも進めている。

　そのひとつが、国文学研究資料館との連携である。ポーラ文化研究所は、国文学研究資料館と「日本語の歴史的典籍の国際共同研究ネットワーク構築計画」[13]を推進する覚書を2019年7月に結び、ポーラ文化研究所の所蔵資料の高精細デジタル画像化、およびWEB公開への取り組みを進めた。対象資料は化粧・髪型等に関する、江戸時代を中心とした古典籍・浮世絵であり、ポーラ文化研究所の「化粧文化データベース」、「蔵書データベース」、国文学研究資料館が運営する日本古典籍ポータルサイト「新日本古典籍総合データベース」において2021年4月に公開された（図4）[14],[15]。高精細デジタル画像化とデータベースを通じての公開は、日本の化粧文化への理解を広げるきっかけのひとつとなり、さらに、江戸時代を中心とする風俗・文化史研究をはじめとする研究や資料活用の機会提供を可能にするものと考えている。

　また、ポーラ文化研究所が実施しているアンケート調査の個票データ（ローデータ）を、東京大学社会科学研究所附属社会調査・データアーカイブ研究センターの「SSJデータアーカイブ（Social Science Japan Data Archive）」に、回答者個人を識別することができない情報として寄託、学術目的での提供を行っている（図5）。

　「SSJデータアーカイブ」は、東京大学社会科学研究所附属社会調査・データアーカイブ研究センターが、日本における社会科学の実証研究を支援することを目的として構築した日本で最初の組織的なデータアーカイブである。社会調査データを収集・保管し、その散逸を防ぐとともに学術目的での二次分析の普及を図り、社会科学教育に貢献している[16],[17]。

　ポーラ文化研究所では、化粧文化に関する調査データの社会に向けた提供機会の増加を図り、学術目的の活用につなげるという企業の社会的責任を

■ 共同プレスリリース ■ 令和3年4月16日

大学共同利用機関法人 人間文化研究機構
国文学研究資料館

ポーラ文化研究所
POLA RESEARCH INSTITUTE OF
BEAUTY & CULTURE

ポーラ文化研究所所蔵の化粧文化に関する資料、高精細デジタル画像でオンライン閲覧が可能に 古典籍176冊・浮世絵349点を4月16日に公開

概要

　国文学研究資料館（以下、「国文研」）とポーラ・オルビスグループで化粧に関する研究活動を行うポーラ文化研究所（所在地：東京都品川区）は、ポーラ文化研究所が所蔵する古典籍（江戸時代以前の本）176冊と浮世絵349点の高精細デジタル化に取り組み、2021年4月16日（金）に公開しました。2019年より両機関が協力・連携して進めたこの取り組みにより※1、化粧文化に関する大規模な資料群のインターネットを通じた検索・閲覧が『いつでも、どこでも、どなたでも、そして無料で』可能になりました。

　ポーラ文化研究所が所蔵する古典籍・浮世絵の高精細デジタル画像の一括公開は今回が初となります。化粧文化に関する資料の大規模な公開は、化粧文化への理解を広げるとともに、江戸時代を中心とする風俗・文化史研究、海外からの日本文化理解の促進に寄与することが期待されます。また、「昨今の新型コロナウイルス感染症による社会・経済に対する影響により、急激にテレワークへのニーズが高まった。大学等の教育機関における遠隔授業をはじめとして、信頼できる文化学術資源を必要とするものも多くある」※2という状況の中、今回の公開はウィズ・ポストコロナ時代におけるニーズにも大いに資するものと考えます。

- 公開年月日：令和3年4月16日
- 公開数：古典籍176冊・7,235コマ※3、浮世絵349点・459コマ
- 公開サイト：国文研の「新日本古典籍総合データベース」https://kotenseki.nijl.ac.jp/page/list-pohd.html
　　　　　　　ポーラ文化研究所の「蔵書データベース」https://cosmetic-culture.po-holdings.co.jp/library/
　　　　　　　「化粧文化データベース」https://cosmetic-culture.po-holdings.co.jp/data/

※1 国文研・ポーラ文化研究所「共同リリース」令和2年7月9日 https://www.nijl.ac.jp/pages/cijproject/images/20200709_release.pdf
　　ポーラ・オルビスホールディングス「ニュースリリース」令和2年7月9日 https://www.po-holdings.co.jp/news/pdf/20200709_csr.pdf
※2「3か年総括報告書 我が国が目指すデジタルアーカイブ社会の実現に向けて」令和2年8月19日、デジタルアーカイブジャパン推進委員会・実務者検討
　　委員会（事務局：内閣府知的財産戦略推進事務局）より
※3 画像ファイル数

公開資料について

　ポーラ文化研究所所蔵の化粧・髪型・装いなどに関する、江戸時代を中心とした古典籍、江戸～明治時代の浮世絵が対象です。
　当初、令和元年4月の公開予定資料数を約300点としていましたが、国文研・ポーラ文化研究所が協力してデジタル化を精力的に進め、古典籍176冊・浮世絵349点の公開となりました。

【資料例】詳細は別紙参照

渓斎英泉 画
「浮世四十八手　夜をふかして朝寝の手」
文政4～5年頃（1821～22年頃）

　　図4　国文学研究資料館との共同プレスリリース

果たす視点から、「SSJデータアーカイブ」へ個票データを寄託、利用者へのデータ提供を2007年10月より開始した。

　それまで、調査の結果やレポートは、ポーラ文化研究所のホームページやポーラ化粧文化情報センター等で公開していたが、調査の産物である個票データはポーラ文化研究所が集計・分析に使用するにとどまり、個票データそのものの公開は行っていなかった。「SSJデータアーカイブ」への寄託で、

個票データは学術目的での活用が可能となった。現在、2006年11月実施調査以降の17調査分の個票データを寄託している。寄託開始から2020年7月28日までの利用状況は、利用申請件数118件、講義・実習・ゼミ等での教育利用279人、論文等の件数14件となっている[18]。この寄託した個票データは、質・量・多様性の3つの側面から評価し、特に優れていると、東京大学社会科学研究所より2020年度寄託者表彰を受けた[19]。

「SSJデータアーカイブ」では、個票データの寄託は日本の社会科学の発展に寄与することに第一義的な意義があるが、個票データを使える形で長期的・安全に保管できる、二次分析により新しい研究が可能となる、調査の意義が広く認められるといったメリットをあげている[20),21)]。提供元となるポーラ文化研究所にとっても、所有の個票データを公開し、長期的・安全に

図5 「SSJデータアーカイブ」の仕組み[22]

保存されることは、未来への資料の継承となり、さらに化粧文化をはじめとする研究が新たに展開されるといった、社会的に価値ある取り組みと捉えている。

　このほか、他機関との連携・協力として、ポーラ文化研究所では国立国会図書館が実施するレファレンス協同データベース事業に参加している。レファレンス協同データベース事業は、図書館等のレファレンス事例等のデータを蓄積、WEBを通じて提供することで、図書館等におけるレファレンスサービスおよび一般の利用者の調査研究活動を支援する目的の事業である（図6）。事業内容にある「レファレンス協同データベース」は、国立国会図書館が全国の公共図書館、大学図書館、学校図書館、専門図書館等と協同で構築している調べ物のためのデータベースとなる[23]。

　ポーラ文化研究所では、ポーラ化粧文化情報センターとして2008年から事業に参加、「レファレンス協同データベース」というプラットフォームを通じ、化粧文化の研究機関ならではの化粧やよそおいに特化したテーマのレファレンス事例の公開が可能となった。ポーラ化粧文化情報センターの利用者の来館時やメール等で行っているレファレンスの事例を公開している。

　また、「レファレンス協同データベース」の利用者だけでなく、自組織においてもレファレンス担当者だけに情報がとどまらず、メンバー間における情報の共有・継承の促進につながるものと考えている。

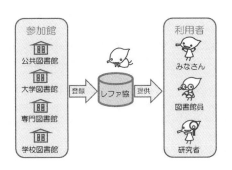

図6　「レファレンス協同データベース」のデータ提供の流れ[24]

4　新たな価値創出にむけて

　ポーラ文化研究所は、収集・保存してきた資料を広く社会に発信するため「化粧文化データベース」を構築、公開した。本データベースは資料の公開手段として、特定の情報を探しているケースに特に有効と捉えており、公開後は登録情報の積み増しやメタデータの質の向上を目指している。また、求めている資料にさらにたどり着きやすい環境や、データの活用を促す仕組みづくりといった資料公開に関する今後の課題がある。

　たとえば、「化粧文化データベース」では、①化粧道具類、②浮世絵・版画類、③新聞記事、④雑誌記事、⑤化粧史関連事項を検索・閲覧できるが、蔵書や調査の個票データ等は領域によって異なるデータベースで公開しており、横断検索は行えない状況である。化粧文化の情報を探している人、化粧文化に興味をもつ人をはじめとする利用者が、求める情報にストレスなくたどり着ける環境づくりが課題のひとつである。利用者の視点や立場にたち、環境整備やデータの活用促進を仕掛けることが、新たな価値創出につながると考えている。

　2017年に刷新されたポーラ・オルビスグループ理念のMission「感受性のスイッチを全開にする」、Vision「ブランドひとつひとつの異なる個性を生かして、世界中の人々の人生を彩る企業グループ」には、化粧品やサービスだけでなく、さまざまな体験、情報、文化、アートなどの独自価値の提供を通じて、人々の感受性を刺激し、人生を変えるほどのきっかけを与える存在になりたいという想いが込められている[25]。このグループ理念のもと、豊かな社会の実現に資するべく、ポーラ文化研究所では文化資産を通じ、新しい価値創出にむけた取り組みを行っていく。それは、私たちポーラ文化研究所にとって社会とともに歩むことであり、私たち自身にも永続的な成長をもたらす取り組みであると信じている。

5 おわりに

「化粧文化データベース」の公開後、ポーラ文化研究所のデータベースへの取り組みに関するヒアリングを複数の企業から受けた。業種や課題はさまざまであったが、企業がもつ資料のアーカイブの必要性やデジタルアーカイブへの関心の高さを実感した。

新型コロナウイルス感染症（COVID-19）の感染拡大防止対策を起点に、多くの企業がオンラインでの発信やコミュニケーションの強化に舵を切っている。オフラインと同じレベルを目指す表面的なオンラインシフトではなく、オンラインの強みから創出が可能となる魅力ある価値が求められているといえよう。

「ウィズ・コロナ」、「ポスト・コロナ」の時代、日常的にデジタルアーカイブが活用される社会[26]において、さまざまな企業がデジタルアーカイブと密接にかかわり、新たな共創やイノベーションが生み出されていくだろう。

注
1) ここでの文化資産は、ポーラ文化研究所が研究・文化活動で収集・産出した、社会や文化にかかわりが深い有形・無形の資産を指す。
2) 化粧文化データベース（https://www.i-repository.net/il/meta_pub/G0000427poladb）（最終アクセス：2020年7月31日）
3) 岩﨑余帆子（2012）「コレクター鈴木常司——美へのまなざし　コレクション、文化活動の背景をめぐって」『ポーラ美術館開館10周年記念　コレクター鈴木常司——美へのまなざし』ポーラ美術館学芸部編, 公益財団法人ポーラ美術振興財団ポーラ美術館, 29-39.
4) 「鈴木常司氏（ポーラ化粧品社長）が語る「化粧品は美と文化の産業」」『日経ビジネス』1979年11月5日号, 23.
5) 蔵書データベース（https://www.i-repository.net/il/meta_pub/G0000427polalib）（最終アクセス：2020年7月31日）
6) 「蔵書データベース」、「化粧文化デ　タベース」における件数は、2020年7月31日

現在のもの。

7)　村澤博人・津田紀代編(村田孝子編(増補改訂))(2001)『化粧史文献資料年表』ポーラ文化研究所.

8)　専門図書館協議会著作権委員会(2020)『専門図書館と著作権Q&A　第4版』専門図書館協議会, 19.

9)　総務省(2015)『平成27年版情報通信白書』, 78.(https://www.soumu.go.jp/johotsusintokei/whitepaper/ja/h27/pdf/index.html)(最終アクセス：2020年7月31日)

10)　DAPCONとは(https://dapcon.jp/about/)(最終アクセス：2020年10月1日)

11)　2019デジタルアーカイブ産業賞　受賞内容(https://dapcon.jp/uncategorized/da-industrial-award-1/)(最終アクセス：2020年7月31日)

12)　ポーラ・オルビスグループCSR賞(https://www.po-holdings.co.jp/csr/sustainability/commendation/index.html)(最終アクセス：2020年7月31日)。なお、ポーラ・オルビスグループCSR賞は、日頃のCSR活動において積極的に取組んでいる団体、また個人の努力に対して敬意を表し、活動の発展を支援するために設けられたもの。

13)　日本語の歴史的典籍の国際共同研究ネットワーク構築計画(https://www.nijl.ac.jp/pages/cijproject/)(最終アクセス：2020年7月31日)

14)　「共同プレスリリース　ポーラ文化研究所所蔵の化粧文化に関する資料、高精細デジタル画像でオンライン閲覧が可能に」2021年4月16日(https://www.nijl.ac.jp/pages/cijproject/images/20210416_release.pdf)(最終アクセス：2021年4月16日)

15)　「ニュースリリース　化粧文化に関する資料、高精細画像でオンライン閲覧が可能に」2021年4月16日(https://www.po-holdings.co.jp/news/pdf/20210416_csr.pdf)(最終アクセス：2021年4月16日)

16)　『東京大学社会科学研究所附属社会調査・データアーカイブ研究センターデータアーカイブ研究センター　2020-2021』(https://csrda.iss.u-tokyo.ac.jp/pdf/Brochure.pdf)(最終アクセス：2020年7月31日)

17)　三輪哲・佐藤香(2018)「オープンサイエンス時代における社会科学データアーカイブの意義：SSJデータアーカイブのこれまでとこれから」『情報の科学と技術』68(10), 489-494.

18)　利用状況の数値は「SSJデータアーカイブ」からの情報提供による。なお、成果物の件数は東京大学社会科学研究所附属社会調査・データアーカイブ研究センターの業務統計の算出基準をもとに雑誌、書籍、審査付学術論文、審査無学術論文、学位論文、フルペーパーに相当する成果物の件数を算出している。

19) 「ニュースリリース　ポーラ文化研究所、東京大学社会科学研究所より表彰」2021年2月17日（https://www.po-holdings.co.jp/news/pdf/20210217_02_csr.pdf）（最終アクセス：2021年2月18日）

20) 寄託の手引き（https://csrda.iss.u-tokyo.ac.jp/depo/about/）（最終アクセス：2020年7月31日）

21) SSJDA（2020）『データ寄託の手引　データ寄託のお願いと寄託の方法』, 4.（https://csrda.iss.u-tokyo.ac.jp/06c1aa0f985d8ebb354fd05b119cfa871b9323cf.pdf）（最終アクセス：2020年7月31日）

22) 『東京大学社会科学研究所附属社会調査・データアーカイブ研究センターデータアーカイブ研究センター　2020-2021』（https://csrda.iss.u-tokyo.ac.jp/pdf/Brochure.pdf）（最終アクセス：2020年7月31日）

23) レファレンス協同データベースとは？（https://crd.ndl.go.jp/jp/library/index.html）（最終アクセス：2020年7月31日）

24) レファ協活用術！（https://crd.ndl.go.jp/jp/library/user_general.html）（最終アクセス：2020年7月31日）

25) 株式会社ポーラ・オルビスホールディングス（2018）『コーポレートレポート2017』（https://ir.po-holdings.co.jp/ja/Library/AnnualReport/main/0/teaserItems1/07/linkList/0/link/COR2017%20Web.pdf）（最終アクセス：2020年7月31日）

26) デジタルアーカイブジャパン推進委員会・実務者検討委員会(事務局：内閣府知的財産戦略推進事務局)(2020)『3か年総括報告書　我が国が目指すデジタルアーカイブ社会の実現に向けて』(https://www.kantei.go.jp/jp/singi/titeki2/digitalarchive_suisiniinkai/pdf/r0208_3kanen_houkoku_honbun.pdf)（最終アクセス：2020年10月1日）

第3章

美術と歴史の分野における 画像ライセンスビジネス

國谷泰道

1　はじめに

　本章では、美術と歴史の分野における、欧米と日本の画像データの管理状況を比較しながら、日本の画像ライセンスビジネスの現状と課題について述べる。

　本章の対象となる「画像データ」とは、ミュージアム（美術館・博物館）や寺社といった「コンテンツホルダー」が所蔵する美術作品と歴史資料の画像データを指す。そして、それらの画像データをコンテンツホルダーとの契約に基づいて管理し、国内外の利用者に有償で貸し出す業務を「画像ライセンスビジネス」と称する。「販売」ではなく、あえて「貸出」という語を用いるのは、用途や期限を限定した条件付きの提供であり、利用料と引き換えに売り渡してしまうビジネスではないことを明確にするためである。画像ライセンスビジネスを運営する団体は、一般的に「フォトエージェンシー」と称される。

2　画像ライセンスビジネスとは、どのような業務か

　美術と歴史の分野における画像ライセンスビジネスは、主に、次の5つの業務で構成される。筆者の経験に基づき記載するが、いずれのフォトエー

ジェンシーでも同様であると考える。

（1）　契約

契約対象となる画像データの点数やサイズ、契約期間、貸出条件（事前許可を要する利用目的や利用方法等）、非商業的利用（学術的利用や公共的利用）の扱い方、フォトクレジット、画像利用料の配分率、画像利用料の金額設定などについて、コンテンツホルダーと協議の上、契約を締結する。

（2）　データ登録

コンテンツホルダーから預かった画像データとメタデータ（作家名、作品・資料名、制作年、材質・形状、サイズ、解説文等）に加えて、検索用キーワード、フォトクレジット、利用上の注意事項をオンラインデータベースに登録。著作権が保護されている作品に関しては、画像を非表示とする。契約先の依頼により、撮影あるいはポジフィルムのスキャニングを行ってデータを作成する場合もある。未登録の画像の依頼を利用者から受けた際には、コンテンツホルダーに連絡して画像データ（データがない場合はポジフィルム）を取り寄せ、追加登録する。

（3）　データ貸出

オンラインデータベース上の申込画面、または、メール、ファクス、郵便で画像利用申請を受け付ける。利用内容を確認の上、料金表に基づき利用料を算出し、見積額を提示。見積額への同意を得たのち、画像データのダウンロードリンクを送信。請求書と貸出書（契約書に相当する）を郵送。入金の確認。掲載見本誌の受領・確認とコンテンツホルダーへの送付。なお、利用内容によっては、契約書の規定に従い、コンテンツホルダーに連絡して、貸出の可否を確認する。また、著作権が保護されている作品については、著作権許可書の写しを確認した上で、画像データを貸出す。

（4）　貸出内容の報告と利用料の支払い

利用内容（利用者、画像、用途、利用料）の明細を、1ヶ月ごと、3ヶ月ごとなど、定期的にコンテンツホルダーに提出。コンテンツホルダーから請求書を受領して、利用料の支払いを行う。

（5）　プロモーション

ウェブや印刷物を利用して、取扱う画像を案内。最近ではウェブ上でのプロモーションが重視され、作家別、所蔵先別、テーマ別など、様々な切り口による案内を行う。また、貸出実績に基づき利用内容の分析を行い、企画提案時に活用する。

3　画像ライセンスビジネスの現状

以下、美術・歴史分野の画像データが、どのような組織により、どのように管理されているのか、欧米と日本、それぞれの状況を概観する。それにより、フォトエージェンシーが果たしている役割、および、画像ライセンスビジネスの現状を説明する。

（1）　欧米における画像データの管理状況
①　フォトエージェンシーによる管理

欧米のミュージアムや寺院の所蔵品の画像を利用する際、所蔵先から画像を入手するよりも、美術・歴史専門のフォトエージェンシーのストック画像を入手する方法が一般的である。

フォトエージェンシーは、自国内の活動にとどまらず、海外に代理店を置き、全世界を対象にビジネスを展開している。後述するように、ここ数年で一部のミュージアムの対応に変化はあるものの、依然としてフォトエージェンシーによる画像提供が主流である。日本の利用者にとっては、海外のミュージアム、寺院への連絡や送金のための時間と労力をかけずに、フォト

エージェンシーの日本代理店からストック画像を容易に入手できるという利点がある。

　日本に代理店を置く著名なフォトエージェンシーだけでも10以上の団体があるが[1]、このうち、フランス国立美術館連合とブリッジマン・アート・ライブラリーについて概説する。前者はミュージアムとの連携による画像データ作成、後者は取り扱い画像数の多さにおいて、代表的な存在である。

(i)　フランス国立美術館連合(Réunion des Musées Nationaux – Grand Palais)

　1946年に設立された、フランス文化省管轄の組織。展覧会企画やミュージアムグッズの制作・販売を行う部門もあるが、フォトエージェンシー部門はそのうちの1つである。ルーヴル美術館、オルセー美術館などの国立美術館を中心に、フランスのミュージアム約40館の所蔵作品の画像データを管理する。所蔵館の学芸員と連携して、定期的に撮影を行っており、1年あたりの撮影数は20,000に及ぶ[2]。

　一般のフォトエージェンシーは、利用頻度の高い画像を優先してストックするが、フランス国立美術館連合は、素描、版画、書簡など、利用頻度が低いものも含め、各ミュージアムの全所蔵品の画像をカバーすることを目標としている点が特徴的である。国外のフォトエージェンシーやミュージアムとの契約により、フランスのミュージアム以外の画像の取り扱いも増やしつつある。日本には、代理店が1社あり、代理店との契約に基づき貸出窓口業務を行う複数の社がある。

(ii)　ブリッジマン・アート・ライブラリー(Bridgeman Art Library Ltd.)

　1972年に設立された民間の組織で、ロンドンに本社、ニューヨーク、パリ、ベルリンに支社を置く。日本には複数の代理店が存在する。全世界のミュージアム、図書館、画廊、作家、写真家等との契約により、主要な美術作品や歴史資料を網羅する。美術・歴史の分野では、名実ともに最大手のフォトエージェンシーである。

イギリスを中心とした著名作家の著作権管理、若手作家の作品画像を提供するプラットフォーム「ブリッジマン・スタジオ」の運営、教育機関を対象に低額で画像の一括貸出を行うサービス「ブリッジマン・エデュケーション」の提供など、他のフォトエージェンシーには見られない、多彩な活動を展開する[3)]。日本市場にも強い関心を示しており、社長や責任者が、毎年のように来日して代理店を訪問し、プロモーション戦略等についてミーティングを行っている。

②　ミュージアムによる管理
　フォトエージェンシー経由ではなく、ミュージアム自ら、あるいは、ミュージアムの関連団体が、画像を管理するケースを紹介する。

(i)　ミュージアム自らが管理するケース
　有名作品を数多く所蔵する欧米の大型ミュージアムを中心に、10年ほど前から、利用者がオンラインデータベース上の画像データを無償でダウンロードできるオープンアクセスのサービスを導入する動きがある。
　かつては、世界中から寄せられる多数の申請に少人数のスタッフが対応していたため、画像の入手までに長期間を要するミュージアムが珍しくなかった。フォトエージェンシー経由で画像提供を行わないミュージアムの場合、他に入手の方法がないため、仕方なく順番待ちの長い列に並ばざるを得ないという状況だった。申請書を送付後、何度も催促した末に、ようやく請求書を受け取り、利用料を前払いして、ポジフィルム(あるいは、データを格納した記録媒体)を空輸してもらうといったことが行われていた。それを考えると、まだ一部のミュージアムではあるが、データを瞬時に無償でダウンロードできるサービスは画期的である。
　オープンアクセスによる画像データ提供のサービスには、大きく分けて、2つのカテゴリーがある。

◆どのような目的で利用する場合でも、無償でダウンロードできる。日本
　でも画像の利用頻度が高いミュージアムでは、次のような館が該当する。
・アムステルダム国立美術館(オランダ)
・メトロポリタン美術館(アメリカ)
・ワシントン・ナショナル・ギャラリー(アメリカ)
・シカゴ美術館(アメリカ)
・バーンズ財団(アメリカ)
・オスロ国立美術館(ノルウェー)
・パリ・ミュゼ(フランス)※パリ市立のミュージアム14館を運営する組織

◆非商業的利用に限って、無償でダウンロードできる。たとえば、次の
　ミュージアムが該当する。
・大英博物館(イギリス)
・ゴッホ美術館(オランダ)
・プラド美術館(スペイン)
・ウィーン美術史美術館(オーストリア)

　アムステルダム国立美術館のように、長辺が5,000ピクセルを超える高解
像度データを提供しているミュージアムもあるが、長辺2,000〜3,000ピクセ
ル程度のデータを提供するケースも少なくない。後者のデータでは、複製画
やカレンダーなどの用途には使いにくい。それ以上のサイズの画像が必要な
場合、あるいは、データベースに掲載されていない画像(著作権が保護され
ている作品の画像、立体作品のアングル違いの画像、未撮影の作品の画像)
が必要な場合には、利用者自身が手続をして入手する。
　たとえば、メトロポリタン美術館、シカゴ美術館については、提携する
フォトエージェンシー(ニューヨークのアートリソース社)に申請するよう指
示がある。この場合、フォトエージェンシーに対して画像利用料を支払う必
要が生じる。ワシントン・ナショナル・ギャラリーの場合は、ミュージアム

のウェブサイトの問い合わせ欄から依頼することになる[4]。

（ii）　ミュージアムの関連団体が管理するケース
　ミュージアムの画像をその関連団体が管理し提供する例は、次のとおりである。
- 大英博物館の関連団体：ブリティッシュ・ミュージアム・カンパニー（British Museum Company Ltd.）
- テート美術館の関連団体：テート・エンタープライズ（Tate Enterprises Ltd.）
- ロンドン・ナショナル・ギャラリーの関連団体：ナショナル・ギャラリー・カンパニー（National Gallery Company Ltd.）
- ゴッホ美術館の関連団体：ファン・ゴッホ・ミュージアム・エンタープライズ（Van Gogh Museum Enterprises BV）

　いずれも、ミュージアムの収益事業を担当する企業であり、ミュージアムグッズの制作・販売、出版、レストランの運営などの営利事業の一環として、画像ライセンスを行っている。大英博物館とゴッホ美術館の画像を商業的な目的で利用する場合は、上記の団体から有償で画像を入手することになる。ファン・ゴッホ・ミュージアム・エンタープライズ以外は、日本に画像ライセンスの代理店を置いている。

　なお、フォトエージェンシーにも関連団体にも画像の管理をさせず、また、オープンアクセスサービスも導入せずに、自ら申請を受け付けて画像を提供しているミュージアムもあるが、少数派となりつつある。

（iii）　クリエイティブ・コモンズ・ライセンス（CCライセンス）
　画像データの公開に際して、クリエイティブ・コモンズ・ライセンスを表示することにより、利用者に対して、ミュージアムが保有する著作権の利用

条件について意思表示するケースが増えている。上記のミュージアムに関しては、次のような状況である。

・CC0ライセンス（公開されたデータに関して、法的に可能な限りの権利を放棄する）

アムステルダム国立美術館、メトロポリタン美術館、シカゴ美術館、パリ・ミュゼは、「CC0ライセンス」のもとで画像データを公開する方針をウェブサイト上に明示している。利用目的や、画像の改変の有無にかかわらず、誰でも無償でデータをダウンロードして使用することができる。ただし、第三者の権利については、この方針が影響を及ぼさないことも記載されている。

たとえば、メトロポリタン美術館では、「メトロポリタン美術館におけるオープンアクセス（Open Access at The Met）」というページで、所蔵品のうち、パブリック・ドメイン（Public Domain：著作権が消滅している状態）の作品すべての画像データをCC0で公開すると明記しており、所蔵品データベースでは、パブリック・ドメインの作品のサムネイル画像の下に、「オープンアクセス　著作権消滅（OA Public Domain）」のマークと、高精細画像のダウンロード用ボタンが表示されている。一方、著作権が保護されている作品については、サムネイル画像のみが表示され、権利上の制約があるため画像の拡大もダウンロードも出来ないことが記載されている[5]。

・CC BYライセンス（原作者のクレジット（氏名、作品タイトルなど）を表示することを主な条件とし、改変、営利目的での二次利用も許可する）

オスロ国立美術館、大英博物館、ウィーン美術史美術館が「CC BYライセンス」により画像データを公開している。ただし、大英博物館とウィーン美術史美術館は「CC BY NCライセンス」を表示し、「NC」（非商業目的での利用）を追加することで、商業的利用については、許諾を得るための申請手続きが必要であること示している。

・CCライセンスに関する記載なし

ワシントン・ナショナル・ギャラリー、バーンズ財団、ゴッホ美術館、プラド美術館のウェブサイトには、CCライセンスに関する記載がない。前二者のウェブサイトでは、ミュージアムがパブリック・ドメインだと判断する作品に関しては、商業的利用、非商業的利用を問わず、無償で高精細画像のダウンロードが可能であると明示されている。

プラド美術館のウェブサイトでは、ダウンロードボタンをクリックすると、商業目的か非商業目的かの判断基準が示され、そのままダウンロードするか、許諾申請手続きを行うかを利用者自身が選択するよう設定されている。ゴッホ美術館の場合も、同様の設定がなされているが、ダウンロードできる画像のサイズは長辺1,000ピクセル以下に抑えられている。

(2) 日本における画像データの管理状況
① フォトエージェンシーによる管理

日本では、スポーツ、風景、動植物といった様々なジャンルの写真を扱う大手フォトエージェンシーが複数あり、美術・歴史の分野はそれらのジャンルの1つとして扱われている。また、それらのフォトエージェンシーは、海外フォトエージェンシーの代理店として、美術・歴史関連の画像を提供しており、日本のミュージアムや寺社の所蔵品の画像を専門に扱うフォトエージェンシーは少ない。主な団体は、以下のとおりである。

(i) （株）DNPアートコミュニケーションズ

大日本印刷(株)のグループ会社で、アート関連事業に特化した社である。デジタルアーカイブ構築やアートグッズの企画・制作など、様々な事業を手掛けるが、画像ライセンスも事業の柱の1つとする。国内では東京国立博物館、東京国立近代美術館、東京都江戸東京博物館、徳川美術館をはじめ、46のミュージアム、寺社、作家等[6]。海外では、大英博物館、ボストン美術館、フランス国立美術館連合、ブリッジマン・アート・ライブラリー等、17の

ミュージアムとフォトエージェンシーの画像を扱う。

(ii) 日本写真印刷コミュニケーションズ(株)
NISSHA(株)のグループ会社で、事業の柱の1つとするアート分野の事業では、「Artize(アルタイズ)」というブランド名で、ミュージアムや寺社の所蔵品のデジタル撮影、データ管理、印刷物等への活用といったサービスを行う。画像ライセンスの分野では、京都国立博物館および元離宮二条城の画像を扱っている。

(iii) (株)アーテファクトリー
「保存から活用まで」という方針のもと、ミュージアムや寺社の所蔵品のデジタル化、データ管理システムの構築、画像ライセンス、商品開発を行う。画像ライセンス業務としては、国内では、京都国立博物館、元離宮二条城、細見美術館、山種美術館、古橋懐古館。海外では、フランス国立美術館連合ほか、複数のフォトエージェンシーの画像を扱う。

　この他、京都の(株)便利堂(明治期に創業)、奈良の(株)飛鳥園(大正期に創業)が、一部の寺社の所蔵品を撮影し、画像データをストックしている。画像を借用するためには、利用者自身が所蔵先の事前許可を得る必要があるという点で、一般のフォトエージェンシーとは性格が異なるが、許可が得られれば迅速に画像を借用できる点で貴重な存在である。

② ミュージアムによる管理
　日本のミュージアムや寺社の所蔵品の画像は、上記フォトエージェンシーに管理されている場合以外は、所蔵先のホームページを見るか、電話で問い合わせるといった手段で、申請方法を確認する段階から借用手続きを始めねばならない。
　そのような状況の中、2017年3月、独立行政法人国立文化財機構が、同機

構の4つの国立博物館(東京国立博物館、京都国立博物館、奈良国立博物館、九州国立博物館)の、所蔵品統合検索システム「コルベース(ColBase)」の運用を開始した[7]。

　4館の所蔵品を横断的に検索できるサービスで、当初は小サイズのデータが掲載されていたが、現在では長辺3,000ピクセル程度の画像を、商業目的でも非商業目的でも、無償でダウンロードして利用できる。また、多言語対応(日英中韓)により、海外の利用者にも使い勝手が良い。利用規約には、「CC BY ライセンス」により画像データの提供を行うことが明記されている。

　未掲載画像や、より高解像度の画像が必要な場合の連絡先として、それぞれの博物館の画像利用窓口(ウェブサイト)のリンクが案内されている。各館のウェブサイトに進むと、東京国立博物館に関しては、(株)DNPアートコミュニケーションズ、京都国立博物館に関しては、自館の窓口と、急ぎの場合の窓口として(株)日本写真印刷コミュニケーションズの連絡先が示されている。他の2館は、自ら対応している[8]。

　コルベースは、国立国会図書館がシステムを運用するジャパンサーチと連携していることもあり、国内外での利用が急速に増加すると思われる。

　現在、国内で同様のオープンアクセスによるデータ提供のサービスを行っているミュージアムは少なく、筆者の知る限り、愛知県美術館、東京富士美術館、京都府立京都学・歴彩館(東寺百合文書)、足立区立郷土資料館が該当する。ちなみに、愛知県美術館では、著作権が消滅している作品について「Public Domain」または「CC0」が表示され、画像データがダウンロード可能な状態に設定されている。京都府立京都学・歴彩館は、「CC BY ライセンス」により、東寺百合文書の画像データを提供することを明示している。足立区立郷土資料館は、ウェブで公開している浮世絵等の所蔵品がパブリック・ドメインであるため、誰でも画像をダウンロードして自由に使用できると説明している。現状では、東京富士美術館のウェブサイトには、CCライセンスに関する記載はない。

なお、寺社の所蔵品に関しては、ミュージアム（国立ミュージアムや地元のミュージアム）が展覧会等に際して撮影された画像を管理しているケースが多く、それ以外には、上述した便利堂や飛鳥園が画像を管理しているケース、様々な経緯で入手した画像を寺社自らが管理しているケースがある。いずれのケースでも、寺社の許可がなければ画像貸出は行われない。

　以上が国内の画像データの管理状況である。オープンアクセスによるデータ提供サービスを行うミュージアムがある一方で、画像提供件数の多いミュージアムを中心に、フォトエージェンシーに画像貸出業務を委託するケースが少しずつだが増え始めている。しかし、個別に申請を受けて画像提供を行うミュージアムが多数派である。また、寺社に関しては、外部の組織が画像を管理している場合でも、それを使用するためには、寺社の許可が必要となる。日本の利用者が欧米のミュージアムや寺院に連絡せずに、フォトエージェンシー経由で所蔵品の画像を簡単に入手できることを考えると、大きな落差がある。
　日本の利用者にとって、欧米の画像は入手しやすいが、国内の画像の入手には時間や手間がかかる、というのが実情である。まして、海外の利用者には、言葉の壁もあり、日本の美術品や歴史資料の画像の入手は容易ではない。
　オープンアクセスサービスがまだ一部のミュージアムでしか行われていない現状で、利用者の利便性を高めるためには、フォトエージェンシーが日本国内のミュージアムや寺社の所蔵品の画像管理を更に進めることが必要であると考える。

4　画像ライセンスビジネスが直面する問題

　本節では、画像データの品質、画像の使われ方に関するコンテンツホルダーの配慮、画像に関わる第三者の権利について述べる。これらは、日本における画像の利用促進を妨げていると思われる問題であり、かつ、フォト

エージェンシーが画像ライセンスビジネスを展開していく上で障害となる問題でもある。

(1) 画像データの品質

たとえば、販売用複製画シリーズの企画を立てて、国内外のミュージアムやフォトエージェンシーから複数の画像データを取り寄せた際、特に国内で入手したデータについて、品質やサイズの点で使用不可との指摘を印刷の現場から受けることがある。全般的に、海外の画像データに比べて、国内の画像データは見劣りがするというのが実感である。

フランス国立美術館連合のように、フォトエージェンシーが撮影とデータ作成を行うのが理想ではあるが、通常のフォトエージェンシーは、コンテンツホルダーから預かったデータを利用者に提供している。

筆者の知る限り、予算が確保されていて、所蔵品を次々にデジタル撮影しデータの蓄積を進めているミュージアムはごく少数に限られている。また、撮影ではなく、ポジフィルムをスキャニングしてデータを作成するケースが依然として多い。専門業者に委託して高性能スキャナーでデータ化するケースもあれば、ミュージアム内のスキャナーでデータを作成しているケースもある。撮影にせよ、スキャニングにせよ、費用と人手の問題が原因で、ミュージアムが納得のいく方法でデジタル化を進めることができないケースが多いのが実情である[9]。

寺社に関しては、上述したとおり、いくつかの方法で画像管理が行われているが、自前で撮影やデータ作成が行われることは極めて少ないようである。

高画質の映像、インテリア、広告等への画像利用の需要が高まっており、高品質の画像データが求められている。フォトエージェンシーも高精細データの取り扱いを望んでいるが、一部の例外を除いて、コンテンツホルダー側にそれを準備するための経済的な余裕はない。

（2）　画像の使われ方に関する、作品所有者の配慮

　著作権の保護期間が満了している作品について、所有権に基づいて複製を差し止めることはできない。しかし、作品の所有者が、作品の使われ方に配慮することは自然のことのように思われる。たとえば、作品の一部が滑稽な形状に加工されて企業広告に利用されることや、収益確保のためショップ内で販売している商品の類似品に同じ画像が使用されること、など。いずれも所有者にとって不利益になるため、画像の利用をやめさせたいと思っても、それが著作権者には可能でも、作品の所有者には不可能であるというのは、所有者側の立場で考えると理不尽な話である。

　出来ることと言えば、一定の条件のもとで画像を貸し出すという契約行為により、望ましくない利用方法を未然に防ぐことである。そのような背景もあり、事前の許可申請を求め、利用内容を確認後に画像提供するミュージアムや寺社が主流となっている。しかし、申請の受付と画像送付、有償提供の場合は請求書発行と入金確認といった事務手続きに、時間や人手を割かねばならない。画像提供件数が多いコンテンツホルダーの場合は、尚更である。フォトエージェンシーに画像貸出業務を委託する主たる目的が、そういった作業負荷の軽減であるというケースは多い。

　しかし、利用方法への配慮が行き過ぎると、利便性を損なうこともある。たとえば、画像データを一旦インターネット上に公開してしまうと、それが無断で再利用されてしまうのではないかという警戒心から、書籍への掲載は良いが、その電子版は認めないといった事態が生じる[10]。書籍を発行するとその電子版も一緒に発行するのが国内外を問わず一般的になっているため、何らかのデータ保護機能があれば電子版への掲載を認めるなどの対応をしなければ、作品が紹介される機会を失う結果となる。フォトエージェンシーに画像データを預ける場合にも、料金設定に、インターネット関連の料金はあえて入れず、原則使用禁止とする姿勢を示すコンテンツホルダーも存在する。この問題が解決されなければ、フォトエージェンシーの事業展開も進まない。

（3）　第三者の権利

　国内外を問わず、一般的に、ミュージアムやフォトエージェンシーの利用規約には、提供する画像について、第三者が権利（著作権、肖像権、パブリシティ権等）を有している可能性があること、そして、その権利については利用者自身が確認して許諾を得る必要があることが記載されている。これはオープンアクセスの場合でも、同様である[11]。

　コンテンツホルダーにとって想定外の権利の存在の可能性がある限り、このような記載をせねばならないのはやむを得ないが、企業広告や販売商品に美術品の画像を使ってみようという利用者は、このような規約を読むと、二の足を踏んでしまう。どのような権利が存在するのか知らされていなければ、公開後のトラブル回避のために事前に手を打つことができないため、ビジネスに活用することは難しい。

　想定外の第三者の権利がどのような形で利用者の前に立ちはだかるか、具体的な事例を挙げる。たとえば、近年人気を集めている刀剣など、照明の当て方などに創意工夫を要する立体作品の写真の場合、写真家の著作権が保護される。しかし、ミュージアムが写真家に撮影代の支払いはしていても、著作権がミュージアムに帰属することを約束させる契約を結んでいなかったために、撮影後、長年月経った後に、写真家が権利を突然主張するといったケースが実際にある。

　また、著作権が保護されていない美術作品の画像が商標登録されている場合がある。特許庁が情報公開を行うウェブサイト「特許情報プラットフォーム」で、「図系統分類表」にある「22.5.1　絵画」を簡易検索すると、187件がヒットする[12]。たとえば、北斎や広重の浮世絵が様々な商品カテゴリーに登録されている。同じ絵画を同じカテゴリーの商品に無断で利用すると訴えられる可能性がある。どの絵画がどのカテゴリーに登録されているのかが誰にでも分かる状態になっていれば、利用を避けることも可能であるが、商標の検索は容易ではなく、上記の簡易検索だけでは不十分である。厳密に調べるには、弁理士などの専門家による調査を必要とする。筆者が所属する部署

では、得意先に対して、商品パッケージなどへの画像利用の企画を提案する際、商標権について、社内の専門部署に事前チェックさせるようにしている。

　第三者の権利が特定され、許可取得の方法が明らかになっていなければ、利用者は安心して画像データを利用することができない。また、フォトエージェンシーも貸出後のトラブルを避けるため、第三者の権利に関する責任を負わないことを規約に記載せざるを得ず、用途によっては積極的な企画提案やPR活動を行うことが難しいこともある。

（4）　著作権の管理状況

　著作権が保護されている作品を利用するためには、著作権者の許可を得ねばならないことは言うまでもない。著作権は保護期間が法律で定められているため、保護されているか否かの判断には、商標権のような難しさはない。しかし、保護されていることが分かっていても、日本の美術品の場合、許可を取得する手続きが容易ではない事情がある。

　美術の分野では、欧米を中心に1つの国に1つの著作権管理団体が存在し、それぞれが自国の作家やその著作権継承者の権利を集中管理している。各協会は相互に代理契約を締結し、A国の利用者がB国の作家の作品の著作権を利用したい場合は、A国の管理団体に許可申請すれば、B国の団体経由で許可の取得ができる仕組みになっている。団体に加盟するか否かは作家や著作権継承者の自由意志によるが、ほとんどの著名作家をこれらの団体がカバーしている。日本には、一般社団法人日本美術著作権協会があり、海外（アジアも含む）の29団体と契約して、日本の利用者の窓口となっているため[13]、海外作家の著作権の許可を取得する手続きは容易である。

　しかし、日本の著名作家の著作権を包括的に集中管理している団体はない。日本美術著作権協会は、少しずつ日本の会員を増やしつつあるが、著名な作家となると、残念ながら数名に留まる。一般社団法人日本美術家連盟や株式会社東京美術倶楽部も、著作権管理業務を行うが、著名作家の数は少数である[14]。

　日本の美術家の著作権は、作家本人、遺族、弁護士事務所などが個別に管

理しているケースが多い。作家本人や遺族といった個人が著作権者の場合、個人情報にあたる連絡先を調べることは難しい。長年の情報の蓄積で、出版社、放送局、印刷会社などは連絡先を知っている場合も多いが、都度、許可申請を行わねばならない。何らかの理由で著作権者が長期不在で連絡がつかず、利用を断念せねばならないということも珍しくはない。

　ここでもまた、日本の利用者は、海外の作品よりも、日本の作品のほうが、利用しにくいという状況が生じている。海外の利用者にとってのアクセスの悪さは、言うまでもない。フォトエージェンシーとしては、画像をストックしていても、著作権の許可がなければ貸出ができないため、利用者の希望により、権利処理を代行することもある。

　なお、著作権に関連して追記すると、著作権が保護されている作品については、フォトエージェンシーはサムネイル画像をデータベース上に公開できない。せっかくミュージアムから預かっているデータでも、非公開にせざるを得ないため、特定の作品を探している利用者以外は、絵柄が分からないので、利用の検討対象から外さざるを得ない。この点は、コンテンツホルダー、フォトエージェンシーだけではなく、著作権者にとっても好ましくない状況であると思われる。

5　画像ライセンスビジネスの課題

　筆者が所属する部署では、日本のミュージアム、寺社、著作権者の連絡先について、海外から問い合わせを受けることが度々ある。国内からは、「初めて美術品の画像を自社商品に利用することを企画しているが、利用すること自体可能なのか、どこでどのような手続きをすればよいのか」といった質問を受ける機会が増えている。

　日本に所蔵されている美術作品・歴史資料は、それらの扱い方に精通した国内の利用者(出版社、テレビ局、印刷会社、研究機関など)が中心となって利用してきたため、著作権や画像が個別に管理されていても、利用上の大き

な障害にはならなかったのではないだろうか。しかし、海外における日本文化への関心の高まりや、国内の新しい需要(衣料品、商品パッケージ、広告、インテリア、デジタルサイネージ、ゲームなどへの利用)の増加とともに、誰にでも分かりやすく利用しやすい管理方法が求められている。

　画像について言えば、上述のとおり、日本でもオープンアクセスによる無償提供が行われているケースがあり改善が見られるが、現状では、個々のコンテンツホルダーが自ら提供を行っているケースが多く、画像借用のための手続きも決して簡便ではない。

　このような状況の中、今後、画像ライセンスビジネス、あるいはフォトエージェンシーが課題とすべき点について、筆者の考えを列記して、本章を締め括ることとする。

・データベースの構築

　日本国内に所蔵されている主要な美術作品や歴史資料の画像データを横断検索できるデータベースの構築が必要である。サムネイル画像を表示するだけのものではなく、高精細画像データを有償で提供するためのデータベースである。主要な作品や資料のデータを集積するためには、出来るだけ多くのミュージアムや寺社との契約が肝要となる。

・画像データの作成

　フランス国立美術館連合がそうしているように、ミュージアムや寺社との連携により、定期的にデジタル撮影を進め、日本の美術作品と歴史資料の画像データの決定版を作成する。画像利用料を作業費の原資とする[15]。

・画像データの保護

　画像データがインターネット上に掲載されてしまうと、その後無断で再利用されてしまうのではないかという、ミュージアムや寺社の懸念を払拭するセキュリティ対策を考えるべきである。たとえば、ブロックチェーンは、画

像データの利用履歴を記録できるという点で、そのような対策に活用できる可能性を孕んでいると思われる。

・コンサルティング

　利用者が安心して画像を利用できるよう、著作権をはじめとする第三者の権利について、権利処理方法を説明する、あるいは代行するコンサルティング業務ないしコーディネート業務が必要である。

・ジャパンサーチとの連携

　ジャパンサーチとの連携で、国内および海外の利用者の利便性が高まることは確実であるが、メリットはそれだけではない。美術・歴史以外の分野との横断検索が可能になるため、他の分野の画像との組み合わせや、従来とは違う業種の利用者の参入により、コンテンツホルダーやフォトエージェンシーには考えもつかない新しい用途やビジネスが生み出される可能性がある。

注
1）　日本に代理店を置く主なフォトエージェンシーを、国別に列挙する。
　　　・フランス：フランス国立美術館連合（Réunion des Musées Nationaux – Grand Palais）、ADAGP（ADAGP Images）
　　　・イギリス：ブリッジマン・アート・ライブラリー（Bridgeman Art Library）、ヘリテージ（Heritage Image Partnership）
　　　・アメリカ：アートリソース（Art Resource）
　　　・イタリア：アリナリ（Alinari Photo Library）、スカラ（Scala Fine Arts Archives）
　　　・ドイツ：BPK（Bildarchiv PreuBischer Kulturbesitz）、AKG（AKG Images）
　　　・オーストリア：レッシング（Erich Lessing Culture and Fine Arts Archives）
　　　・スペイン：アルバム（Album Art）
2）　L'Agence Photo RMN-Grand Palais（https://www.photo.rmn.fr/Agence/Presentation）（最終アクセス：2020年7月31日）
3）　Bridgeman Images（https://www.bridgemanimages.co.uk/en/）（最終アクセス：2020年7

月31日）

4)　The Metropolitan Museum of Art（https://www.metmuseum.org/information/terms-and-conditions）（最終アクセス：2020年7月31日）、The Art Institute of Chicago（https://www.artic.edu/image-licensing）（最終アクセス：2020年7月31日）、National Gallery of Art（https://images.nga.gov/en/page/openaccess.html）（最終アクセス：2020年7月31日）

5)　The Metropolitan Museum of Art（https://www.metmuseum.org/about-the-met/policies-and-documents/open-access）（最終アクセス：2020年9月30日）

6)　国内ミュージアムと寺社については、下記のとおりである。
・国公立ミュージアム：東京国立博物館、東京国立近代美術館、京都国立近代美術館、国立西洋美術館、国立国際美術館、東京藝術大学大学美術館、東京都江戸東京博物館、東京都庭園美術館、東京都写真美術館、東京都現代美術館、江戸東京たてもの園、東京都美術館、神戸市立博物館、福岡市博物館、福岡市美術館、彦根城博物館、元離宮二条城、すみだ北斎美術館
・私立ミュージアム：徳川美術館、徳川ミュージアム、静嘉堂文庫美術館、林原美術館、ポーラ美術館、東京富士美術館、竹久夢二美術館、夢二郷土美術館、横山大観記念館、味の素食の文化センター
・寺社：大乗寺、彦根 清凉寺、山辺神社

7)　2020年12月、奈良文化財研究所の所蔵品が追加された。

8)　国立博物館所蔵品統合検索システム（ColBase）（https://colbase.nich.go.jp/pages/term?locale=ja）（最終アクセス：2020年7月31日）

9)　清水芳郎（2019）「美術全集のデジタルアーカイブ構築の実務と問題点」『デジタルアーカイブ・ベーシックス1　権利処理と法の実務』、福井健策（監修）, 数藤雅彦（責任編集）, 165.

10)　同上, 162-163.

11)　たとえば、ColBaseの利用規約には次の文言が記載されている。ミュージアムが利用規約で第三者の権利に言及している事例として引用する（ColBase（https://colbase.nich.go.jp/pages/term?locale=ja）（最終アクセス：2020年7月31日））。

・コンテンツの中には、第三者(当機構以外の者をいいます。以下同じ。)が著作権その他の権利を有している場合があります。第三者が著作権を有しているコンテンツや、第三者が著作権以外の権利(例：写真における肖像権、パブリシティ権等)を有しているコンテンツについては、特に権利処理済であることが

明示されているものを除き、利用者の責任で、当該第三者から利用の許諾を得
　　てください。
　・コンテンツのうち第三者が権利を有しているものについては、出典の表記等に
　　よって第三者が権利を有していることを直接的又は間接的に表示・示唆してい
　　るものもありますが、明確に第三者が権利を有している部分の特定・明示等を
　　行っていないものもあります。利用する場合は利用者の責任において確認して
　　ください。

12)　特許情報プラットフォーム（https://www.j-platpat.inpit.go.jp/）（最終アクセス：2020
　　年7月31日）

13)　日本美術著作権協会（http://jaspar.or.jp/）（最終アクセス：2020年7月31日）

14)　日本美術家連盟（http://www.jaa-iaa.or.jp/copyright/index.html）（最終アクセス：2020
　　年7月31日）、東京美術倶楽部（https://toobi.co.jp/copyright/index.html）（最終アクセス：
　　2020年7月31日）

15)　有識者や実務家が「アート活用懇談会」という場を設けて、数年前から日本の文
　　化財のデジタル化、アーカイブ化、データの利活用等について議論を重ね、2019
　　年9月に提言を発表している。提言では、美術品（特に寺社が所有する文化財）の撮
　　影、デジタルデータ作成、アーカイブ化、事業展開等を推進する運営組織の設立な
　　ど、興味深い内容が語られている。フォトエージェンシーが単体で動くのではなく、
　　このような組織体との協働も視野に入れるべきであると考える。なお、提言の全文
　　は、次のリンク先に掲載されている（https://jstagedata.jst.go.jp/articles/figure/Proposal_
　　of_the_Working_Group_on_Art_Content_Reuse/12789023/1）（最終アクセス：2020年9月
　　30日）。

第4章

フィジカルからデータにいたる
コンテンツアーカイブの課題と
ビジネス展開

緒方靖弘

1　はじめに

　寺田倉庫は、不動産事業やトランクルーム、アート、ワイン、機密文書、映像や音楽を収録したフィルム、テープ類の保管事業、さらに東京都品川区にある天王洲アイル中心にイベントやミュージアムを展開するなど、様々な事業を営んでいる。倉庫会社のイメージ通りの保管事業についても、一般消費財を保管し、流通加工作業を提供するような、いわゆる製品物流ではなく、貴重品や代替えの利かない品物をお預かりするストック型の保管事業に特化している。そういう意味では、業界でもニッチなサービスにこだわる、珍しい事業展開をしている倉庫会社と言われている。本章では、筆者が担当している映像や音楽を収録したフィルム、テープ類の保管事業のフィジカルおよびデジタルアーカイブの取り組みについて紹介していきたい。ここで自社の事業の紹介をすることは、本書がテーマとしている、デジタルアーカイブのビジネス展開という観点が、まさに筆者が担当しているビジネスと一致しているということが理由の一つである。それに加えて、多くのコンテンツホルダーがどのように、自社のコンテンツを残していこうか悩まれていることを、

お預かりする身として広くご相談頂いている立場から、業界全体のデジタルアーカイブへの取り組みや課題を比較的公平にお伝えできると考えたからである。映像や音楽が収録された媒体、またはその中身のコンテンツ自体の保存とデジタル活用には多くの課題があり、はかばかしいとは言い難い現状である。

2　コンテンツ管理の課題

2-1　フィジカルのフィルム、テープ類の管理

　筆者がこの事業に携わっている中で、課題は大きく3点に集約されると思われる。①比較的「新しい産業」であること、②「データ量が膨大」であること、③「制作者が多い」こと、である。

　まず、課題について述べる前提として、寺田倉庫の事業について説明する。現在、我々は映像や音楽のフィルム、テープ類をフィジカルの媒体で約500社のお客様から約1,200万点以上お預け頂いている。皆様が実際に放送で見ているものが「完パケ」(NHKでは完プロ)と呼ばれるテープで、これは1本単位で作品名や媒体の種類などを管理している。その他に「素材テープ」と言われるように、ロケやスタジオ収録で撮った編集前のテープなどを、一つの箱に何本も収納して一括で管理している場合が多い。そのため、実際にテープやフィルムを何点お預かりしているか、厳密な点数は定かでないが、日本最大級のコンテンツ集約拠点である。映像や音楽が収録されているフィルムやテープ類の保存は、データベースの構築が肝要である。お客様に保管品の1点ずつに管理番号を付与して頂き、タイトルや検索する上で必要な項目をリストアップしてもらう。テープの媒体種類も、対応するVTR(再生機)が異なるので、重要な情報である。それらを寺田倉庫が提供しているWeb上のデータベースに登録して頂き、物理的にお引き取りしてきたテープ類と突き合わせチェックを行う。内容の異なるものはお客様に1点ずつ確認して、データベースを整備していく。一度寺田倉庫の倉庫に入ってしまえば、デー

タベースと実物のズレや、テープ類の紛失などは起き得ないように徹底的に管理する。新規で入庫頂くタイミングであらゆる情報をすり合わせしてクリアにすることで、自社で管理するよりも寺田倉庫に預けて頂いた方がしっかりと管理できる、という環境を作る。

　データベース以外でも貴重な映像、音楽媒体の保管環境を提供するにはセキュリティや災害対策も重要である。寺田倉庫では少なくとも顧客の保管環境よりもセキュリティレベルが高くなるように設定している。災害対策は主に地震、水害、火災などに注意が必要である。地震の対策では、建物強度はもちろん重要だが、建物内で保護すべき物品(寺田倉庫で言えばフィルムやテープ類)の落下による破損などにも注意が必要である。そのため、建物の基礎免震構造と免震機能付きの移動棚に収納しての保存が有効であると考えて採用している。保存環境といえば温湿度の管理も難しい問題である。基本的に温度が15℃から25℃で、湿度が40%から60%の環境がメーカー推奨の温湿度帯である。ただし、外気温が35℃の日に15℃の保管庫から出庫してしまうと、急激な温度変化に伴いテープが結露してしまう。そこで寺田倉庫では、外気温にあわせて、メーカー推奨の温度と湿度の範囲内で緩やかに温湿度をコントロールしている。夏場は高温多湿側、冬は低温低湿側に意図的に設定を変えていくのである。そうすることで、保存中の劣化を抑えることと、急な出庫でも媒体に大きなダメージを与えないようにしている。そこが美術館や博物館と異なり、急に放送に使うために外部に出庫する可能性がありながら保存する必要があるという、商業的な保管のノウハウになっているのではないかと思っている。

　非常に多くのフィルムもお預かりしている。素材の違いやカラーと白黒でも推奨の保存環境が異なる。TACベースフィルムを専用の冷蔵庫を設けて保管しており、そのノウハウもあるが、ここでは書ききれないので、特に、お伝えしたいと思っているデジタルの活用やその課題について優先し、割愛したい。ただ、80年以上前に収録されたフィルムが直近30年間、寺田倉庫できちんとした環境でお預かりしていたことで、現在も映写できる状態だっ

たこと、さらにフィルムスキャンさせて頂くことで、貴重な映像を繰り返し見られるようになった時には、フィルムというアナログ媒体の保存性の偉大さと、保管環境の大切さをしみじみと感じた。

しかし、個社のコンテンツホルダーの方々が自社管理をしようと思うと限界がある。堅牢な建物に地震対策、安定的な空調環境にセキュリティ設備、在庫管理システムなどを揃える必要がある。これらの専用設備は一定の規模以上で設備することで「規模の経済」が働く。それに加え社内管理は手順を守らない持ち出しなどで、必ずと言っていいほど紛失事故が起きる。専門業者に預けるということは、決められた手順で権限を持ったユーザーからの依頼にのみ対応し、その履歴を必ず保存し続けることにより紛失リスクが大幅に軽減される、という二次的な効果も得られる。

2-2 コンテンツ管理の課題① 「発展中の産業」であること

このように我々は、多くの製作会社の皆様から様々な媒体をお預かりして、管理している。その中で様々な課題や問題が見えてきている。アーカイブの観点から問題なのは、我々がお預かりしている媒体の90%以上が過去の媒体であることだ。VTRが販売終了している媒体ということである。プロ仕様の媒体なので、一般に馴染みがないものが多いが、その媒体の種類は少なくても30種類以上はある。図1はその中の映像媒体の一例である。映像の画質の向上、小型化によるロケなどの機動力の向上に資するからであるが、代表的なものを抜粋したものでさえ、実にその種類が多いことをご理解頂けると思う。これが50年間程度の変遷なのである。フィルム時代を入れても100年をやっと超える程度である。映像・音楽のエンターテインメントは浅い歴史の中で、実に多くの記録媒体の進化を伴い、現在もその進化は継続している発展中の産業と言える。

すなわち、デジタイズなどの処置をしないと将来的に視聴できなくなるというテープ類が実に様々な種類の媒体で保存されているのである。守秘義務があるために具体名は書けないが、日本を代表する有名俳優の出演作品や、

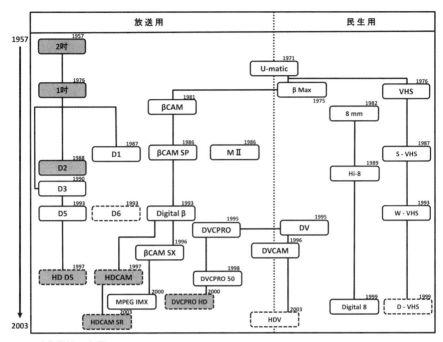

図1　映像媒体の変遷

誰もが知っている歌手のレコーディングした時の原版テープ、日本アカデミー賞を受賞した映画作品の初号フィルムも保管しているが、例外なく全ての作品が、近い将来に原本としては見読性を失うのである。映像作品は長い歴史が作り出す文化財という立ち位置を確立できていないために、いかに優良な作品であっても、その保存は製作会社任せになっている。

　他の絵画、書物、立体作品などの文化的創作物と比較して、映像や音楽作品というのは、その保存媒体がテクノロジーの発展に基づいて進化してきた歴史がある。そのために、紙の劣化などとは比べ物にならない速度で、対象の媒体の見読性が失われていくのである。まさに「発展中の産業」であるがゆえに技術発展が媒体の変遷を生み、アーカイブの阻害要因になっているのである。ご存知のように、4Kや8Kなど高精細化は加速しており、ますます媒

体の変化は進み、アーカイブの観点で解決方法がない課題は現在進行形である。映像や音楽は、ともに多産でもあることから、デジタルアーカイブされず、知られずに喪失されていくコンテンツは膨大な数になってしまう。

2-3　コンテンツ管理の課題②　「データ容量が膨大」であること

　次に取り上げる課題は「データ量が膨大」であることだ。映像・音楽産業は、すなわち映像の高精細化と高音質化の歴史でもある。それはそのままデジタルデータとしての容量の重さに直結する。例えば絵画を高精細画像で撮影してデジタルデータ化するとしたら、数MB(メガバイト)で足りる。よほど高精細なものでも単位は数百MBやGB(ギガバイト)程度となるだろう。一方で映像作品はハイビジョン前の古いものであっても60分程度の作品であれば、優に数十GBになる。一連作品やシリーズ全作となるとすぐにTB(テラバイト)の単位になってしまう。4Kの映画作品は1本で数TBになる。テキストデータや画像データと比較しても圧倒的に大容量である。過去の映像作品のアーカイブは、デジタイズのコストもその後のデジタルデータの保存コストも、いずれも高額になってしまう。

　まずはデジタイズのコストだが、有名絵画作品を、原画とスキャンデータを見比べても、人間の目では容易に判別つかないレベルの高精細なスキャンを行っても1枚単価は数百円でできる(大型作品やこだわりの補正などを加えればもっと高額になるものもある)。これに対し、映像や音楽のテープからのデジタイズ作業の費用は、最低でも数千円は必要である。そもそもそのVTRが再生できる状態で維持されていることが最低条件だが、その維持費を含め、コストのかかる機材を使用する必要があり、それを最低でも実時間(早送りでデジタイズは基本的に不可能)かけてデジタイズ作業する。高額な機材を長時間占有し、それだけの人件費をかけるのだから高コストな作業となってしまう。さらに、その結果としてできたデジタルの動画は、非常に重いファイルになることで保存コストも大きくなる。サーバーはすぐに容量が足りなくなる。クラウド上で保存するには容量が大きく、大容量に対応した

回線がなければ、そもそもアップロードできないなど、容量が大きいことは保存をする上でもとても大きな障害になる。そもそもデジタイズ作業が高コストな作業だが、それを乗り越えてデジタルデータ化された動画ファイルも保存コストとの戦いが待っているのである。さらに、特殊な機材や技能が必要となるフィルムや音楽のテープではデジタイズ作業がもっと高額になってしまう。この「データ量が膨大」であることに伴う高コスト体質がアーカイブをする上での大きな阻害要因になる。

2-4　コンテンツ管理の課題③　「制作者が多い」ことの弊害

　そして三つ目の、「制作者が多い」問題である。映画一本を作るにも、原作者や脚本、演出をする人たちがいる。監督に助監督、音声さんやカメラマン、大道具や小道具と言われる裏方、出演者も主役から通行人までいる。背景に多くの人が携わって仕上げたCGやVFXが使われて、雰囲気を盛り上げる音楽が流れる。忘れてはいけないのが、キャスティングをしたりイメージにあった撮影場所を手配したり、スケジュール調整したりするスタッフがいて、それに関わる巨額の製作費を一定割合で出資する製作委員会の方々がいるのである。筆者が映画のエンドロールを見ると、実に多くの方が携わっていると感じる。製作段階では劇場公開までの流れは組まれているものの、それ以降に作品をデジタイズして再放送しよう、どこかの劇場で再上映しようとした時の取り決めなどは決められていないことが多い。そして再活用しようと思った時に調整すべき権利者が非常に多岐にわたる。基本的に全ての権利者の合意が取れなければ再上映などはできない。この権利関係については、業界により格差があるように感じる。映像・音楽関係という括りでも、音楽関係は再活用が活発である。古い楽曲を収録し直したベスト盤なども多く発売されている。アニメ作品も再放送や海外展開は旺盛である。アニメには及ばないがドキュメンタリー作品も映像作品の中では利活用の頻度が高い。やはり権利者が比較的少ない場合や、権利関係が比較的明確になっているジャンルは、再活用がされている。一方で映画作品やテレビドラマ、バラエティ作

品は逆の理由でなかなか再放送などができていないようである。筆者が言いたいのは、膨大な手間ひまと人数をかけて作り上げられた作品は、もう一度見たい視聴者が多い一方で、権利処理が複雑すぎて二次利用される作品が非常に少なく、製作会社が寺田倉庫に預けていても、預けっぱなしになっている作品が実に多いということである。

2-5　コンテンツ管理の課題まとめ

　ここまで述べてきた、①「発展中の産業」であること、②「データ量が膨大」であること、③「制作者が多い」こととは、すなわち「発展中の産業」であるために媒体管理などが煩雑になりやすく、「データ量が膨大」であることでコストがかかり、「制作者が多い」ことで権利が複雑で二次活用がしにくい、と置き換えられる。また、「発展中の産業」であることと「制作者が多い」ことは相互作用の関係となっている。歴史が浅く文化財という認知を得られていないために補助金や展示保護を目的とした施設など足りていない。何をするにもコンテンツホルダーのコスト負担が大きくなる。補助金などを期待できず、作品を後世に残したいという作り手の責任感頼りになりがちである。作品の製作会社が支援者などと協力してせっかくコストをかけてデジタイズしても、権利が複雑で二次利用が困難で、収益化しにくい。まさに負のスパイラルと言えるのではないだろうか。我々のお客様である製作会社が過去の有名作品のテープからのデジタイズ作業の予算化を申請しているが、5年連続で予算獲得に失敗し、今も古いテープのまま、寺田倉庫で保存されている事例がある。予算は新規の作品製作が優先され、コストでしかない（と思われがちな）デジタイズなどの予算は後回しにされがちである。これらの課題が重積し、過去のコンテンツのデジタイズもデータベース化も進まず有効なコンテンツ管理は遅々として進んでいない。

3　コンテンツ管理の課題への対応

3-1　デジタイズコストへの対応

　この問題に関しては、寺田倉庫は2つの方法でデジタイズコスト負担の軽減を提案している。一つ目は作業の長期化である。例えば1,000本の完パケテープをデジタイズしたいとし、それが1,000万円のデジタイズ作業費用だとする。その場合、製作会社で1,000万円のデジタイズ予算は獲得しにくい。せっかくデジタイズしても権利が複雑で二次利用の見込みが立てにくく、収益化の道筋が見えないからである。これは決裁する経営側も判断が難しく、つい何年も着手できずにいる場合が多い。寺田倉庫はその心理的な負担の軽減として、毎年200万円を5年計画で行うなど、短期的な費用の拠出を長期になだらかにする手法を提案し採用されることが多い。優先順位を決めて、比較的少額の予算に応じた作業を対象のテープを保管しながらデジタイズ作業を進めていくという流れである。これは作品を残す重要性と、無駄になるかもしれないデジタイズ作業にコストをかけるべきか悩む経営者にGOサインをだす心理的ハードルを下げる要因になっている。業績によっては中断できるという安心感もある。

　もう一つはクラウドファウンディングの活用である。寺田倉庫もクラウドファウンディング事業社と提携しているが、クラウドファウンディングと文化事業は相性が良いと言われている。過去の作品にはそもそものファンがいる場合が多い。製作に関わるエピソードの紹介や、それが失われてしまうかもしれない逼迫感など、支援者に共感が得られやすい側面が多い。権利関係がクリアされていれば、もう一度作品を楽しめるかもしれないし、好きな作品に携われたことに大きな魅力を感じてもらえる。寺田倉庫でもサポートしてクラウドファウンディングを活用したデジタイズ資金調達の事例もできてきている。

3-2　利活用のためのデータベース化対応

　さらに寺田倉庫が取り組んでいるのは、デジタイズ作業が終わりデータ化されたコンテンツのデジタルストレージサービスを安価に提供していることである。データ量が膨大なことによる保存コストが作品のデジタルアーカイブの大きな阻害要因になっていることは前述のとおりだが、障害となっていることは他にもある。データベースに残すための手間である。寺田倉庫はデジタルで作られた動画作品やデジタイズしたコンテンツを安全で安価にストレージするサービスと、そのストレージした作品を検索・閲覧(動画であれば圧縮して全編レビュー)できる「Terra sight」というWebデータベースを月額利用料で提供している(図2)。

図2　Terra sight　画面イメージ

　筆者が調べた限りでは、様々なジャンルの作品を網羅的に管理するために、最適なデータベースシステムが見つからなかったので、一から作ることになったが、コンテンツのデジタルアーカイブにデータベースのシステムは欠かせない。タイトルや出演者情報、放映日や権利についての記述がなければせっかくデジタイズしても作品が埋もれてしまう。

　あるバラエティ番組を製作する会社にいる、長年お世話になった定年退職を控えたベテラン担当者から相談されたことがある。そのベテラン担当者が携わったクイズ番組は、筆者も小学生の時に大好きで見ていたのでよく覚えている。視聴率も相当よかった番組だが、30年くらい前に放送は終了して

いる。司会のアナウンサーも早世してしまい25年くらい経過した。その担当者がそのクイズ番組のテープを探すように新入社員に依頼したところ、番組名も司会者も知らないので探すのに手間取って、欲しい場面を探すのにも付きっ切りで一緒に見ることになり時間と手間がとにかくかかった、というのである。そのベテラン担当者は危機感を覚えた。これからのコンテンツ管理を担う社員がリアルタイムで見たことがない古い番組は、これから誰も探せなくなってしまい、埋もれていってしまうのではないか。ことある毎に昔の番組のことを若手社員に伝えてきたが、使い勝手のよいデータベースが整備されていなければ、若手社員の記憶とともに風化されてしまうのは必然である。

3-3　コンテンツ管理向けのビジネス展開

そのためにも動画や音楽コンテンツの管理、それに付随する画像テキスト管理がしやすいデータベースシステムを提供することが、コンテンツのアーカイブに必要との思いで、「Terra sight」の開発とバージョンアップに取り組んでいる。現在60,000時間分の映像データのストレージまで蓄積できているが、物理的に保管している膨大なフィルムやテープから勘案すると、微々たるもので、まだまだ救うべきコンテンツが将来的に見られなくなる、物理媒体で残されているのが現状である。

今後もデジタイズする際のコストは一定額必要になると思うが、デジタルで作られている作品は、ストレージの費用と検索用のメタデータを付与する費用だけで、とりあえずアーカイブできるようになる。クラウドサービスを中心に、ストレージの費用は安価になっていくことが予想される。現在はクラウド上に保存するコンテンツの適正はテキストデータや画像など比較的データ容量の少ないものに適していると感じる。音楽や動画コンテンツのデータは大容量の回線を利用する必要があるクラウド上ではコスト面やアップロード、ダウンロードが長時間になるなどハンドリングがしにくい。現時点で我々が各種クラウドサービスを比較調査しても、アップロードやスト

レージの費用は安価になっているが、ダウンロード費用は高額である。さらにクラウド上である程度の作品数を管理しようと思えば検索システムを構築する必要があるが、これにはかなり専門性の高い知識と経験者が構築、メンテナンスをし続ける必要があり、よほどの大規模事業者でない限り、現実的には構築と維持、運用が困難であると感じている。

4　これからのコンテンツアーカイブ

　デジタイズすることのメリットはたくさんある。専用VTRがないと視聴できないという縛りもなくなる。回線速度も向上し大容量のコンテンツのやり取りも、容易になっていく。AIの進歩もコンテンツ管理の重要なファクターである。検索のためのテキストを充実させようと思うと、現在ではデジタイズを行いながら、テープに同梱されている記録表（キューシート）に書かれている項目や、エンドロールで流れる文字を追いながらテキスト起こしをし、データベースに登録する、というような非常にアナログかつ時間のかかる作業をする必要がある。今のところ海外製品の方が使い勝手がよく、日本語対応が待たれるものが多いが、AIの進歩によりオブジェクト認識で映像中の道路標識などを認識しOCRで文字化することで立地情報が取得できたり、顔認識による出演者情報の取得ができつつある。音声認識によるナレーションやセリフのテキスト化の精度も上がってきている。ただ、精度が100％に近くならないと、検索漏れの恐れがあるため、検索する項目は、従来の作業者の目視によるメタデータを対象にして、そこで項目として充足されていないことによる検索漏れをAIの収集したメタデータで再検索してみる、というあくまで参考レベルの使い方しかできない。しかしディープラーニングで映像認識や音声認識の精度は向上しており、いつか全編の全テキストデータおよび音声データを自動取得できるようになるかも知れない。そうなれば検索用のメタデータ生成の手間は飛躍的に省力化が見込まれる。それを既存のシステムと連携したり、統合的にサービス化することで、我々が提

供するコンテンツ管理サービスも安価になるし利便性も向上する。世にある、あまねくコンテンツが適正にアーカイブできるような世界は実現しやすくなっていくことが予想される。しかし、それでもアーカイブにはコストがかかる。

　今後は売れる作品や名作が適正な価格で利活用され、コンテンツ自身が「稼げる」ような仕組みが必要である。おそらくテクノロジーやサービスの強化により利活用のアーカイブのコスト的な阻害要因は薄れていき、法的な制約が今後の最大の課題になるのではないかと思う。もちろん個人のプライバシーは守られるべきものだが、作品の再活用は規制するより、二次利用した対価を関わった関係者がレベニューシェアできる。そのような考え方を優先することにより作品自体とそれを楽しみにする視聴者とその製作にかかわった多くの方の幸せにつながり、寺田倉庫には物理的なフィルムやテープが1本もなくなる。そのような仕組みができることを切に願う。

第 **2** 部

デジタルアーカイブ産業を
支える技術革新

第5章

情報システム開発の視点から見る日本のデジタルアーカイブ技術の水準

川嶋健一

1　はじめに

　内閣府知的財産戦略推進事務局が公開するデジタルアーカイブの構築・共有・活用ガイドライン[1]によれば、デジタルアーカイブとは「様々なデジタル情報資源を収集・保存・提供する仕組みの総体」である。現時点でこの仕組みを実現するためには、情報システム[2]の開発が必要となる。コンピュータの本格的な利用が始まってから約半世紀たった今では、当初に比べて情報システム開発に必要なコストは劇的に下がっている。特にここ20年間で実現した技術革新によって、デジタルアーカイブを構成する基礎的な要素技術は国境を越えてコモディティ化し、様々な組織や個人が必要に応じて、基本的な機能性を備えるデジタルアーカイブを構築、運営できる環境が整ってきている。その一方で、構成要素のモジュール化とサービス化のさらなる進行と、次々に登場する新しい要素技術という背景の中、新しいアーキテクチャを採用するデジタルアーカイブ、または大規模でミッションクリティカルなデジタルアーカイブの構築において、情報システムとしてのインテグレーション技術の重要性はむしろ高まっている。

筆者らはこれまで国内外で様々な分野のデジタルアーカイブの構築に携わってきた。本章では情報システム開発の視点から、デジタルアーカイブを構成する要素技術とこれを統合する技術に注目して動向を整理し、日本のデジタルアーカイブとその構築に関わるIT事業者の水準について検討する。また、筆者らが構築に参加したデジタルアーカイブの事例を報告する。

2　OSSと各種標準の適用

2-1　OSSの適用技術

　1990年代後半より進行したソフトウェアのオープン化と標準化によって、現在ではコンピュータのオペレーティングシステム、ウェブサーバーやデータベースサーバー等のミドルウェア、高速に応答する全文検索エンジン、高精細画像の配信サーバーと閲覧のソフトウェア、画像などのコンテンツファイルの各種変換ツール、ウェブコンテンツ管理ソフトウェア、システムバックアップ等各種の基盤系ソフトウェアまで、基本的な機能性を備えるデジタルアーカイブシステムを構成するソフトウェアの多くを、貢献という価値観によって開発されたOSSを用いて実現することができる[3)]。そして様々に標準化された、相互利用性の高いフォーマットを用いて、デジタルコンテンツとそのメタデータを公開することができる。IT事業者としてはデジタルアーカイブを実現する情報システムのソフトウェアを、もはやプロプライアトリ(専売の)製品とする必要はない。集合知の成果であるOSSも含む選択肢から、適切なものを選んで組み合わせて情報システムとして統合し、その品質を担保する技術によって価値を創出している。

2-2　OSSへのコミットメント

　海外のデジタルアーカイブ構築プロジェクトへの参画経験に照らしても、日本のデジタルアーカイブにおけるOSSの適用と、その情報システムとしての統合技術の水準は、欧米で実現されているレベルに比べても遜色ない。

基本的な要素技術の例として、テキスト全文検索ではApache Solrという検索ソフトウェアが高い検索応答性能や負荷分散機能、そして高い運用性を実現したが、2007年に公開されるや日本でもその適用が進んだ。これまでに数千万〜数億レコードを有する大規模なデジタルアーカイブをはじめとして、多くの実績がある。その後、より高機能なElasticsearchが登場するが、同様に日本のデジタルアーカイブへの搭載が進んでいる。その成果のベースとしては、OSSのコミュニティにおけるコミッタをはじめとする日本からの参画者の活動によるところが大きい。他の事例では、大規模なデータの収集や変換に有効な、並列分散処理を実現するApache Hadoopにも日本の事業者のメンバーがコミッタとして貢献している[4]。その知識が国内で広く共有されることが、Hadoopを利用した高度な機能の普及と、さらにそのノウハウを生かした国内外への展開に有効であることは言うまでもない。今後も新しい機能性を実現するOSSへのコミットメントと、国内における知識とノウハウ共有を積極的に実施していくことが、ひいてはデジタルアーカイブ技術の基盤を支える力となる。

2-3　新しい標準の実装

　国際的なデジタル画像の相互利用の標準であるIIIF（International Image Interoperability Framework）では、非欧米文化圏としては比較的早い段階で、日本の研究者、文化機関、IT事業者がコミュニティへの参加と普及活動、あるいはIIIFにのっとった高精細画像配信のプロトタイピングを始めた[5]。現在ではウェブにおけるIIIFのいわばサイバー空間において、日本のコンテンツは存在感を示し、IIIFを利用した新しいサービスが実現している[6]。この事例では、データ流通のためのフレームワークに関するオープンなコミュニティ活動に対して、おもにデジタルアーカイブ構築に関わる様々な主体がそれぞれの視点で参画した。そのことが、日本における面的な普及を促進したと考える。

3 クラウドサービスの適用とその環境の整備状況

3-1 クラウドサービスの適用

AWS（Amazon Web Service）、Microsoft Azure、GCP（Google Cloud Platform）など各社が提供するクラウドサービスを利用すれば、これまで物理的な機器を設置する必要があったコンピュータやネットワーク機器を、いわば論理的なサービスとして、必要なときに必要な分量を購入することができるようになった。以前よりレンタルサーバーと呼ばれるホスティングサービスは存在したが、規模の大きさによる比較的低廉なコスト、高い拡張性と柔軟性、利用できる機能の豊富さという点で、クラウドサービスはこれまでとはまったく異なる大きなインパクトを与えている。その登場によって情報システムの構成要素のモジュール化は、これまでハードウェアやミドルウェアが担ってきた領域まで一気に進行したと言える。

コンテンツデータ保管のために大きなデータ容量を必要とするデジタルアーカイブにとっては、完全性や可用性のレベルに応分のコストで利用できる、様々なデータストアサービスの選択肢がクラウド上に生まれてきており、その恩恵は大きい。しかし例えば組織のポリシー上、物理的なデータの保管をクラウドに依存できないケースも想定される。その場合はオンプレミスのサブシステムと、クラウド上のサブシステムとを組み合わせるハイブリッド型が選択肢となりうる。ただクラウドサービスの取扱いにおいては、従来のオンプレミス（ハードウェアやソフトウェアを自前で構築すること）の開発で培われてきた技術やノウハウが、そのままでは通用しないことが多い。それぞれのプラットフォームをまたいでその特色に精通し、ミッションに応じて最適な要素技術を選択する必要がある。日本のIT事業者においても各社がクラウドサービスの提供とあわせて、その適用と統合の技術を磨き、実績を競っている。

3-2 評価制度の整備

　日本の公共分野においては、2017年に「世界最先端ＩＴ国家創造宣言・官民データ活用推進基本計画」および「デジタル・ガバメント推進方針」において、クラウド・バイ・デフォルト原則、すなわち政府情報システムを整備する際に、クラウドサービスの利用を第一候補とする原則が示されたことで、適用の考え方が整理された[7]。これ以降は公共分野の情報システム開発においても、パブリッククラウドサービスの利用が促進されることとなった。さらに政府情報システムのためのセキュリティ評価制度、ISMAP（Information system Security Management and Assessment Program）が、2021年までに運用を開始される予定である。この中では政府機関等がクラウドサービスの調達を行う際に、あらかじめ登録、認定されたサービスから調達することが原則とされる。その他のルールも含め、政府機関において統一した安全性評価基準が制定される計画である[8]。ISMAPは地方自治体や民間での活用も念頭に置かれており、日本でのクラウドサービスの利用環境がルール面で整備されることが期待される。なおこの種の認定制度としては、すでに2011年に米国でFedRAMP、2013年に英国でG-Cloudが制定されている。

4　日本のIT事業者の取り組み

4-1　インテグレーション技術

　日本の情報サービス事業者は、単体で完結するパッケージ製品を拡販するよりも、クライアントの必要に応じた受託開発が比較的得意であると言える[9]。後者では大まかに言って、まず解決すべき業務上の課題の定義から、情報システム要求への落とし込みを実施する技術、さらに定義された情報システムへの要求実現のため、要素技術から適切なものを目利きして組み合わせる技術、そして開発された情報システムが当初の課題解決に資する品質を担保する技術が必要となる。またその品質と、かけるコストとスケジュール、および関係者との調整などを適切に管理するための、プロジェクト管理の技

術も不可欠となる。ここではこれらの技術を総合して、インテグレーション技術と呼ぶ。

　パッケージ製品や統合されたソフトウェアだけでは対応できないような、新しいミッションを持つ情報システムをIT事業者が開発する際には、システム開発の類型上は受託開発となる。特にデータ容量や、想定時間当たりのアクセス数などのサービスレベルを高める場合は、特にミドルウェア以下のレイヤーにおける要素技術の数と組合せの複雑さが格段に増すため、高いインテグレーション技術が必要となる。受託開発を比較的得意としてきた日本のIT事業者においてその方法論は成熟し、かつ進化を続けており、デジタルアーカイブの構築にも有効である。

4-2　デジタルアーカイブソリューションの開発

　構成要素のモジュール化が進展する中で、デジタルアーカイブ構築におけるIT事業者の役割も変化してきた。単純な受注者としての役割から、情報システム使用者、もしくは研究者等とIT事業者が、同じ問題意識を持って情報システムへの要求を共に創り上げ、それぞれの得意な技術を持ち寄って組み合わせる、パートナーシップによる取り組みが増えてきている。そしてその変化はIT事業者が提供するデジタルアーカイブのソリューション製品[10]にも表れており、OSSの活用や人間にとって可読性の高いデータ記述標準の採用により、基礎的な知識があればそのアーカイブデータや処理を利用する協業が可能となる。

　また各ソリューションは、その時点のベストプラクティスの共有によって1つのパターンに収束しがちな情報システムを多様化しうる。そして流通するコンテンツは当然これを媒介するメディアの影響を受けるため、ソリューションの中で新しい要素技術やソフトウェアの適用を不断に実施していくことは、流通するコンテンツ形態の多様化にも資する。

5 デジタルアーカイブ構築事例

本節では、これまで筆者らが参画したデジタルアーカイブ構築の具体的な事例について紹介する。いずれも既存のパッケージソフトウェア製品や統合ソリューション製品だけでは情報システムへの要求を満たせない事例であり、日本の事業者が得意とするクライアントが持つそれぞれの事情への丁寧な対応と、高い水準のインテグレーション技術が必要であった事例である。

5-1 国立歴史民俗博物館総合資料学情報基盤システムkhirin

国立歴史民俗博物館は、「日本歴史資料を様々な側面から見ていくため、また日本にある／日本の歴史資料をゆるく総合的に見るためのシステム」[11]として、総合資料学情報基盤システムkhirin（Knowledgebase of Historical Resources in Institutes）を構築し、運用している（図1）。NTTデータは歴史資

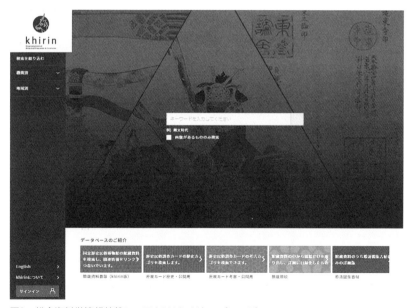

図1　総合資料学情報基盤システムkhirin-ldトップページ

料の目録を管理、提供するkhirin-ldの情報システム基盤部分の開発を受託し、このプロジェクトに参画している。各目録データは、国立歴史民俗博物館が独自に開発した画像デジタルアーカイブkhirin-aで公開されている、関連画像コンテンツに対してリンクを有している。また逆にkhirin-ldにおける目録データの表示においては、khirin-aが提供するIIIFのAPIから対応するコンテンツのサムネイル画像をオンザフライで受けとる。このように、別々に開発された2つのサブシステムが、IIIFによって一体でデジタルアーカイブを構成している。

khirin-ldでは一つの情報資源から関連する様々な情報に、リンクをたどって次々とアクセスできることを目指している。このため様々な参加機関の資料データベースがLinked Dataを用いて記述され、それらを相互に参照するため、そして外部の関連データを参照するための多様なリンクが備えられている。これらの機能性を実現するため、歴史資料目録の管理用のソフトウェアとしてApache Jena Fusekiを採用した。これはRDFのグラフデータベースを実現するOSSであり、一般的に使われている関係データベースとは異なるデータ構造をとる。その特徴として、データ間の関係に基づいた情報検索に長ける一方で、大量のデータの一括登録や全てのデータを対象とした特定条件による検索は比較的不得意であり、単独で十分なレスポンス性能を得ることが難しい。しかしデジタルアーカイブではこれらの基本的な動作は不可欠であるため、課題解決が模索された。結果として、データ一括登録については専用プログラムの外付け開発を行い、検索については高速なテキスト検索を行うElasticsearchを組合わせることで、処理性能の問題を大幅に軽減した。OSSのカスタマイズと組合せにより、RDFデータストアと、テキスト検索などの基本機能を両立するデジタルアーカイブを実現したと言える。

また2020年12月に新たに公開されたkhirin-cでは、データベース、ネットワーク制御、内部アクセス制御、監視やバックアップ、ログ出力といった多くの構成要素を、クラウドサービス事業者が提供するPaaS（Platform as a Service）、およびSaaS（Software as a Service）を用いて実現するアーキテク

チャをとった。その部分についてはサービスの利用者側でバーチャルサーバーを用意する必要がないため、サーバーの構築や管理自体に費やす期間やコストを軽減できると同時に、高い拡張性を実現している。他方で、クラウドサービス事業者への依存度が高くなるが、アーカイブするデータがシステムやサービスに依存しないフォーマットで表現できていれば、アーカイブの継続性という観点からも採用に値すると考えている。

5-2　バチカン教皇庁図書館Digital Vatican Library

　2014年3月より、バチカン教皇庁図書館においてデジタルアーカイブプロジェクトが開始された[12]。対象となったのはそれぞれ世界に一つしかない手稿本や、揺籃期の活版印刷物のコレクションなどであり、一般向けサービスがウェブ上に公開されている[13](図2、図3)。

図2　Digital Vatican Libraryトップページ

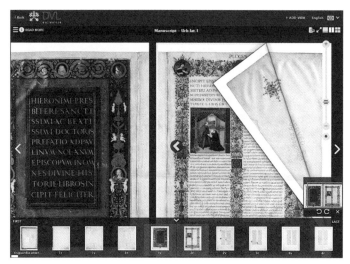
図3　Digital Vatican Libraryコンテンツビューア

　プロジェクトにおいては、複数台の高性能スキャナと連動して高精細デジタル画像を自動的に取込み、チェックとデータ変換を経て、さらにウェブに公開する一連の流れを実現するデジタルアーカイブ基盤を構築した。構築にあたっては、デジタル化された画像の長期的な保存に最適なデジタルファイルのフォーマットの定義と処理方式、コレクションごとに基本フォーマットが異なる記述的メタデータを用いた統合検索、表示機能の実現などが課題であったが、クライアントの個別の要望、事情に向き合い、検討と試行が重ねられた。こうして練り上げられたデジタルアーカイブへの要求は、既製の業務アプリケーションでは決して充足できるものではなかった。

　このプロジェクトの開始にあたっては、世界のIT事業者が競合として存在していた。その中からNTTデータが選ばれた理由は、日本国内におけるそれまでのデジタルアーカイブ構築の実績が認められた面もあるが、ポイントはプロジェクト開始に先立って行われた実証実験における、クライアントの要望への向き合い方にあったと考える。100年を超えるスケールで、デジ

タルコンテンツやメタデータを後世に伝えるというクライアントの使命を第一として捉え、これを具現化するための方法としては一方的に自身の製品やノウハウに収めるのではなく、要素技術や各種の標準について幅広い選択肢より最適なものを模索した。こういった姿勢と、情報システムとして実現する技術が評価され、受注につなげることができたと考えている。Digital Vatican Library の公開後、2019年には新たに書誌情報を統合して、OPAC（Online Public Access Catalog：オンライン蔵書目録検索システム）を担うサービスを追加した[14]（図4）。2020年現在においても、このデジタルライブラリ基盤の役割をさらに拡張する方向で開発を実施中である。

図4　BAV Online Catalogueトップページ

5-3　ASEAN文化遺産デジタルアーカイブ

　NTTデータは、ASEAN地域における文化遺産の保全、域外への発信、および域内における文化の相互理解の促進を目的として、文化遺産の地域横断的な統合デジタルアーカイブ基盤を構築し、その一般公開サービスを2020

年2月より開始している[15](図5)。これはASEAN統合推進を支援すること
を目的として設立された、日・ASEAN統合基金(JAIF)によるプロジェクト
であり、デジタルアーカイブ基盤の構築とあわせて、域内各国における文化
遺産のデジタル化を実施している。

図5　ASEAN Cultural Heritage Digital Archiveトップページ

5-3-1　デジタルアーカイブ基盤の構築

　デジタルアーカイブ基盤はASEAN域内の図書館、博物館、美術館など、
様々な参加機関を想定しなければならない。よってアーカイブの対象として

は、書籍、文書、絵画、立体造形物などの有形文化財のみならず、例えば演劇などの無形文化財も含む、多種多様なものを対象とする必要がある。また、アーカイブ対象とする文化財の保全に資するための、電子化されたデジタルデータの長期的な保存と、ウェブを通じた提供の両立を図る必要がある。

これらの要件に対して、電子化したままのフォーマットなどアーカイブ登録前のデータ、長期保存用の原本データ、提供用のデータの3つのフェーズを定義し、フェーズ間の変換プログラムを必要に応じて組み合わせることのできるアーキテクチャを実現した。例えばコンテンツ種別によらず、長期的保存用データは高精細かつ安定したフォーマットが望ましく、提供用は軽量でウェブブラウザでの閲覧に対応したフォーマットとする必要がある。また著作権管理の観点からも、静止画像や3Dモデルへのウォーターマークの埋め込みが、提供用データに対してのみ必要となることが考えられるためである。なおこのアーキテクチャは、デジタルデータの長期保存を目的として策定された、OAIS（Open Archival Information System）参照モデル[16]で既定される、概念レベルの機能モデルを採用したものである。OAIS参照モデルはデジタルデータの長期保存を目的とする標準であり、欧州ではデジタルアーカイブ構築案件の発注時に要件となることが多い。

また多様なコンテンツの統合を想定して、高精細画像ファイル、PDF文書ファイル、音声・動画ファイル、および3Dモデルコンテンツファイルについては、ウェブブラウザ上で動作する統一されたユーザーインタフェースにより閲覧可能な、統合コンテンツビューアを開発した（図6）。このコンテンツビューアでは、例えば高精細静止画像についてはタイル化による逐次表示を実施し、閲覧要求に対する体感上のレスポンスを向上する基本機能を備える。立体造形物の閲覧には、glTFを前提とした3Dコンテンツ閲覧を実現する。

図6　ASEAN Cultural Heritage Digital Archiveコンテンツビューア

5-3-2　文化遺産のデジタル化

　デジタル化にあたっては、対象の文化遺産ごとにコンテンツ種別の検討を行い、場合によっては複数の手段を組み合わせて用いた。基本的には立体造形物を3Dモデル、手稿本や絵画などを静止画像としたが、3Dスキャンの方式についてはより精細に形状を記録する技術と、比較的低コストで実施できる静止画からの合成技術を、対象の特性によって使い分けた。また無形文化財のデジタル化事例としては、伝統的儀式を含む演劇であるMakyungをアーカイブした。マレーシアNational Department of Culture and Artsによる現在の演劇の動画をはじめ、そこで使われる楽器、衣装、演者による特徴的なポーズを3Dモデル化、もしくは静止画像化したものをデジタルアーカイブ基盤上で一つのコレクションとして統合し、公開している[17]。

　なお立体造形物の3Dスキャンは、その技術と豊富なノウハウを持つ株式会社ケイズデザインラボとの協業で実現した。また手稿本のスキャンにあたっては、分解・持ち運び可能で高精細なスキャナ機器を開発する、株式会

社サビアと協業した。その意味でこのプロジェクトは高度なデジタル化技術を持つ日本の専門家とのコラボレーションによって実現されており、その技術水準の実証の場でもあった。

6　今後の展望

6-1　サービスデザイン方法論

　これまで見てきたように情報システムの要素技術は移り変わっていくが、その選択、適用、統合の技術はより一般的であり、これを維持、発展させることが必要である。近年では従来のインテグレーション技術を進化させた新しい方法論の適用が進んでいる。サービスデザインやデザイン思考と呼ばれる一連の手法では、様々な背景を持つ参画者がディスカッションを重ねる中で、技術の持つ「意味」を(再)発見し、新しい価値を生み出すことを目指して開発が進められている。そしてそれは、実際のモノを作るサイクルの中で評価とフィードバックを行うアジャイル開発と親和性が高い。各IT事業者は変化の激しい情報技術環境の中でも変わらずに価値を生み出せるように、これらの方法論や遂行組織を充実させている[18]。背景の異なる専門家による協業が進む日本のデジタルアーカイブの構築においても、これらの方法論が有効であろう。

6-2　デジタル技術の適用

　AIを中心とした、いわゆるデジタル技術の発展によって、ディープラーニングによるOCRの認識率は向上し、動画や静止画像のコンテンツの解析による様々なメタデータ、もしくは派生コンテンツデータの自動生成サービスが登場している。その適用によって、デジタルアーカイブの構築、運用のボトルネックになりがちなメタデータ付与の支援を実現しうる。最近では各種のコンテンツから人間が受ける印象などの感性を、ディープラーニングとは異なる脳科学のアプローチで構築したモデルによって再現する技術[19]の

応用も始まっており、コンテンツへの感性語のタグ付けが日本語で実現している。これらの手段で得られる様々なメタ情報の利用によって、あるいは閲覧履歴に基づく協調フィルタリングなどの実装によって、デジタルアーカイブにおける情報資源の発見と出会いの手段やルートが、より豊かになっていくものと期待する。

　また今後は、アーカイブ対象となるコンテンツにおいてボーンデジタル（最初からデジタルデータとして創作されるもの）のものが増えていくと想定される。ボーンデジタルの場合は原本を無限にコピーできる性質があり、なおかつ長期的にはいつビット列をデコードできなくなるかわからないデジタルデータ一般のリスク[20]もあわせ持つ。デジタルアーカイブではその対応策として、デジタルデータから算出するハッシュ値などの Fixity Information、コンテンツの来歴情報（Provenance）、またデコード方法である Representation Information などを保存メタデータに格納して利用してきたが、いわゆるブロックチェーン技術の適用によって、これら保存メタデータのより堅牢で柔軟な管理を実現しうると考えられ、各分野において実証が行われている。

7　おわりに

　情報システム開発はグローバル化された世界であり、筆者にとって今回いただいたテーマである「日本の」デジタルアーカイブ技術について意識することは、普段はあまりなかった。しかしこの機会に、ある海外のパートナーと交わした会話を思い出した。デジタル化された高精細画像の配信に関する議論の中で、筆者が「日本のマニュスクリプトでは、」と言いかけたとき、彼は「日本のマニュスクリプトだって？マニュスクリプトっていうのは、1000年以上前に書かれたものなんだよ。」というようなことを語ってくれた。おそらく、日本にそんなに古い本はないだろう、という意味もあっただろう。不勉強な筆者はそれに対して何も言えなかったが、何か心残りである。しかしもうすぐ、彼のスクリーンに彼が興味を持てる「日本のマニュスクリプト」が、

アルゴリズムによって自動的にリコメンドされ、自動翻訳付きで配信される日が来ると思う。情報技術によってある意味で小さくなっていく世界において、これからも変わらずにこの世界の文化的、歴史的な多様性を明らかにしていくためにも、デジタルアーカイブ技術のさらなる発展に貢献したい。

注
1) デジタルアーカイブの構築・共有・活用ガイドライン（https://www.kantei.go.jp/jp/singi/titeki2/digitalarchive_kyougikai/guideline.pdf）（最終アクセス：2020年7月27日）
2) JIS X0001情報処理用語では、情報システムについて、「情報処理システムと、これに関連する人的資源、技術的資源、財的資源などの組織上の資源とからなり、情報を提供し配布するもの。」とされる。そして情報処理システムについては、「データ処理システム及び装置であって情報処理を行うもので、事務機器、通信装置などを含む。」、またデータ処理システムについては、「データ処理を行う計算機、周辺装置及びソフトウェアである。」と定義される。
3) 末松千尋（2004）『オープンソースと次世代IT戦略——価格ゼロ時代のビジネスモデル』日本経済新聞社.
4) 日本企業から初のApache Hadoopのコミッタ（主要開発者）就任（https://www.ntt.co.jp/topics/hadoop/index.html）（最終アクセス：2020年7月26日）
5) NTTデータは2014年よりIIIFを用いた高精細画像配信のプロトタイピングを開始し、2015年にはその成果を商用提供している。
6) IIIFに関する日本語情報の私的なまとめ（https://digitalnagasaki.hatenablog.com/iiif）（最終アクセス：2020年7月27日）
7) 政府情報システムにおけるクラウドサービスの利用に係る基本方針（https://cio.go.jp/sites/default/files/uploads/documents/cloud_%20policy.pdf）（最終アクセス：2020年7月27日）
8) 政府情報システムのためのセキュリティ評価制度（ISMAP）について（https://www.ipa.go.jp/files/000082669.pdf）（最終アクセス：2020年7月27日）
9) 例えば「「日本のソフトウェア技術者の生産性及び処遇の向上効果研究：アジア、欧米諸国との国際比較分析のフレームワークを用いて」に関する成果報告書」は、ソフトウェア事業の統計より「日系企業の強み、或は、主要業務が受託開発であることが確認される」と指摘する（https://www.ipa.go.jp/files/000055654.pdf）（最終アクセ

ス：2020年7月27日)。

10) 例えばNTTデータのデジタルアーカイブソリューションAMLAD®は、「情報システムの寿命は限られるが、これに格納されたデータは継承することができる」との考えに基づき、情報システムに依存しない形のデータの原本保存を指向する。

11) 総合資料学情報基盤システム(khirin, (Knowledgebase of Historical Resources in Institutes))について(https://www.metaresource.jp/about-khirin/)(最終アクセス：2020年7月27日)

12) 杉野博史(2017)「バチカン図書館における文献電子化と長期保存のためのシステムの構築」『情報管理』60(3), 157-165.

13) Digital Vatican Library(https://digi.vatlib.it/)(最終アクセス：2020年7月27日)

14) BAV Online Catalogue(https://opac.vatlib.it/)(最終アクセス：2020年7月27日)

15) ASEAN Cultural Heritage Digital Archive(https://heritage.asean.org/)(最終アクセス：2020年7月27日)

16) The Consultative Committee for Space Data, System Reference Model for an Open Archival Information System (OAIS) Recommended Practice Magenta Book, 2012.

17) ASEAN Cultural Heritage Digital Archive(https://heritage.asean.org/)(最終アクセス：2020年7月27日)

18) 例えばNTTデータは2020年6月現在、世界16箇所にデザインスタジオを整備してネットワーク化、サービスデザインの実践の場を整備している(https://www.nttdata.com/jp/ja/news/release/2020/061501/)(最終アクセス：2020年7月27日)

19) Neuro AI(https://nttdata-neuroai.com/)(最終アクセス：2020年7月27日)

20) The Science and Technology Council of the Academy of Motion Picture Arts and Sciences：The Digital Dilemma, 2007.

第6章

座談会　デジタルアーカイブ技術開発の動向

大向一輝・手嶋　毅・肥田　康　（司会）岡本　真

岡本真（以下、岡本）　アカデミック・リソース・ガイド（arg）の岡本と申します。本日、お話しいただく皆さまには、これまで長らくデジタルアーカイブの活動に関わってこられたご経験から、現在に至るまで歴史をふり返るというお話をまず伺えればと思っています。特に、デジタルアーカイブが産業として普及、発展期に入ってきた雰囲気を感じるため、産業としてのデジタルアーカイブの展望が語れると良いと考えています。

　　はじめに、デジタルアーカイブの歴史を語るに当たり、一つの前史として『デジタルアーカイブ白書』が出版されていた時代が社会的に認知され始めた時期として考えられます。デジタルアーカイブも何度かブームになる一方で、当時、既に閉鎖されているデジタルアーカイブもありました。まずは、この辺りについてデジタルアーカイブに最も長く関わられている手嶋さんにお話いただけますでしょうか。

手嶋毅（以下、手嶋）　私がこの話をするに当たって、私たちが「ニューメディア」の時代をどのように捉えていたのかを認識いただくことが、一つの重要なポイントだと思います。ニューメディアが登場した1980年代、大日本印刷株式会社に電子メディアを考える企画開発室ができ、私は新し

いメディアとはどういうものかを考えていました。印刷物が常にあり、印刷物が新しいメディアになっていくのか、それとも印刷物と新しいメディアが共存していくのか。さらには、紙と電子メディアとの統合的な情報加工の可能性などが大きなテーマでした。新しいメディアが最初に始まったのは1984年頃、ご存じないかもしれませんが「ビデオテックス」システムの「キャプテン」というセンター方式データベースを情報端末で検索できる仕組みがあり、その後に、CD-ROMが登場します。最初にCD-ROMの電子出版（Electronic publishing）を立ち上げたのは三修社とでした。英語をキーにして3カ国語の辞典をデータベース化してCD-ROM化しました。テキスト情報とは別で画像情報に関しては、日本ではハイビジョンの開発がNHKで進められてきました。私は横長なハイビジョン画像を見て、これは印刷物と非常に親和性があるメディアではないかと感じました。いわゆる文字と画像からなるグラフィックなページの見開きが展開できるメディアとして、この新しいメディアの可能性を感じ、高精細でディスプレイ表示できる非常に魅力的な媒体となると捉えていました。

その当時、NHKからハイビジョンが放送以外にどのような利用ができるのかという話をいただいた際、まず、映像を印刷の原稿として利用することをしました。既に河口洋一郎さんのコンピュータグラフィックス画像を大型CGポスターとしてSIGGRAPH（1986年）で発表していたので、ハイビジョン製作の放送と出版との同時出版『ミツコ・二つの世紀末』（NHK出版）を翌年に行い、その逆である印刷する情報をハイビジョンで電子出版するというテーマを考えました。そこで、私たちが実験的に作ったのが、ハイビジョン静止画像による映像番組です。1988年に川田喜久治さんの写真、翌年に篠山紀信さんが撮った坂東玉三郎の写真をハイビジョンカメラを介さずに解像力の優れた製版スキャナーでデジタル加工した画像で映像を作り、渋谷西武デパートなどで、それらの静止画番組を100インチ大画面で上映したわけです。それまでにない大画面のクオリティと映像表現で多くの人の関心を集めました。

岡本　それは、まだデジタルアーカイブという言葉が登場する以前のお話し
　　でしょうか。

手嶋　はい。このあと、NHKグループと電気メーカーと共同で、これを美
　　術館で使ったらどうだろうかという話になりました。所蔵作品画像や作家
　　情報データベースの構築と、静止画番組で作家や作品を解説・紹介する静
　　止画番組を20タイトル作り、来館者が自由に操作して楽しむシステムを
　　「ハイビジョンギャラリーシステム」として岐阜県美術館で初めて構築し
　　ました(1989年)。所蔵作品のデータベース説明項目はフランスの美術館
　　所蔵作品データベースの“JOCONDE”に倣い岐阜県美術館の学芸の先生方
　　に協力していただき再整備しました。また、作品画像は新たに撮影(4×5
　　フィルム)して保管用の高精細度画像(マスターアーカイブ)にデジタル変
　　換し、それをハイビジョン画像データにリサイズして、静止画番組、所蔵
　　作品表示画像を作成しました。静止画番組は、構成シナリオ、画面のデザ
　　インレイアウト、画面切替演出、ナレーションを加えて、通常の映像制作
　　費より安価に作れました。
　　　実は、このシステムにはオプションがあり、学芸員が来館者へ作品解説
　　などをしたい時にデータベースで説明用作品画像を選択しておき、それら
　　を順次表示しながら説明するプレゼンテーション用プログラムも用意しま

した。当時はデジタル画像とテキストとのデータベースを整備している館はそうそうありませんでした。展示できなかった収蔵品のうちから見たい作品を検索して高画質画面で見ることができるため来館者から喜ばれました。私は、文化財を高精細デジタル画像で保管し、それを活用するというデジタルアーカイブはここから始まったと思っています。

岡本　今、これを岐阜県美術館のWebサイトで見ると、その当時でハイビジョンギャラリーの視聴者が10万人を超えています。1989(平成元)年4月の話で、現在ではデジタルアーカイブとみなされるものが、平成を経て社会に定着してきた感じがあります。

手嶋　さらに、美術館が立派だと思ったのは、「移動ハイビジョンギャラリー」を作ったことです。移動ハイビジョン車は、公民館などにハイビジョンギャラリーシステムの設備を搭載して行くわけです。電子メディアコンテンツは、番組とデータベースを持っていくという点では非常に親和性が良く、今日、美術館に来れない人々のために、学校、図書館などへオンラインで提供ができたことでしょう。

岡本　移動ハイビジョンギャラリーは、1990(平成2)年にできて、2008(平成20)年まで稼働していたようです。持ち運びができるという意味では、今で言うモバイルですよね。岐阜県の取組は、ソフトピアとか様々な言われがありますが、当時の梶原拓知事は地方の政治家の中でも情報ハイウェイを最も理解されていた方であると思います。

　われわれよりその時代のリアル感を持っていた肥田さん、いかがでしょうか。

肥田康(以下、肥田)　月尾先生が「デジタルアーカイブ」という和製英語を作られる前から、胎動は少しずつありました。その一つに、1992年にアメリカのコダックが「プロフォトCD」という規格を作りました。われわれは写真を現像するラボでしたので、これからは写真もデジタルだと言い、その頃は「このディスクの中に写真が入って、データベースができるんだ」と言われても何のことかよくわかりませんでした。そんな時代だったのです。

もう一つは、1997年だったと思いますが、総務省や文部省による省庁横断的な先導的な国のパイロット事業として電子図書館構想がありました。その中の一つに京都大学附属図書館があり、われわれがその仕様書を作成したこともあって、これを全社的に展開しようということになり、1999年には専門の部署を作りました。

　しかし、当時は完全にアウェーな状況で、ある文化財の研究会でもブースを出展したら「デジタルなんて素性のわからない、いいかげんなもので文化財を記録するとは何事だ」「そんなもの、いつ読めなくなるかわからないのに、そういうもので記録するのけしからん」という感じで、とても怒られました。

　そうは言いつつも、デジタルアーカイブの部署を作ったので、「デジタルアーカイブをやっています」とお客さまのところに営業に行くと、「はっ？」という話になり、デジタルアーカイブの言葉の説明からしないとならない時代でした。

　先ほど、手嶋さんもおっしゃっていた、デジタルミュージアムのような内容の話を博物館へ持って行くと「Webで作品を見せちゃったら、だれも来ないじゃないか」という話になりました。「いやいや、そういうことを通じて、逆に知的好奇心を喚起されて、本物を見たくなるんですよ」と言っても、写真を撮られると魂を抜かれるというような、そのくらいのインパクトが当時はありました。

岡本　デジタルはともかく、アーカイブという概念そのものが日本で確立されていない中で、雰囲気として理解してもらうには難しい時代だったと思います。これまでのお話は、産業というよりはパイロット事業的な形だったと思いますが、その時点で産業的な可能性やビジネスとしての期待感はあったのでしょうか。

手嶋　当時大量にデジタル化するところは、世の中にあまりありませんでしたが、印刷の前工程はデジタル化する作業でした。例えば、文字データの『広辞苑』は組版用大型コンピュータにデータを全部入れて編集し、フィ

ルム画像などは高精細スキャナーでデジタル化されていました。様々な電子メディアが登場して広がっていくのだろうと予測をできたわけですが、皆、印刷物と違い、商売の仕方はだれもわかりませんでした。だからこそ、われわれは一つのコンセプトを持っていました。利用者の分散、コスト分散の観点からもあるコンテンツを多様なメディアに落とし込むことができるということをすべきでないかという、ワンソース・マルチメディアという概念です。ただし、それはスムーズに世の中に広がっていきませんでした。そのときに、静止画と動画はどう違うのかということを考えたことがありました。動画は非常に感動的で、映画を見ても本当に素晴らしいと思います。ただ、動画は作った人が規定した時間に見る人は拘束されますが、静止画はそうではありません。情報取得を自分でコントロールでき、番組の途中で見たい作品を止めて凝視するなど自立的に取捨選択できて、思考できる。皆、その点を忘れていると思っています。つまり、絵を見るということの重要性。自分で絵を見て、自分なりの分析をして、何がどうだったか、これはどういうことで、こういうものになったのかということを自分なりに考えて人に伝えたり、整理する。それが、絵を見るという行為なわけです。マルチビューポイントがある。印刷物、静止画の魅力はそこにあります。今、そこが非常に疎かになってしまっていると感じています。静止画のコンテンツ作りには、出版社が長年の編集ノウハウをもっています。私はアーカイブされた画像が十分に活用されてこそアーカイブの意義があると考えています。このようなコンテンツは出版社が得意な編集ノウハウによって作られています。パブリッシングする電子メディアが多様化したというより、インターネットに絞られてきた現在、出版社は怠けていると言ったらおかしいですけど、Web での出版に企画からどんどん参加してもらいたいと思います。

岡本　ある種、選手交代な部分があるのかもしれませんが、この30年で出版社のパブリッシャーとしての機能の低下は著しいと感じています。私が編集者をしていた1997年頃は、有斐閣が『六法』を1枚のCDにして大ヒッ

トさせるなど、各社チャレンジがあったんですが、今では電子書籍という規格に落とし込むこと以外はそういう挑戦がなくなってしまったように感じます。

　手嶋さんがまとめてくださった、当時の年表を見ると、岩波書店とNHKのコンテンツクリエイターが、大日本印刷等インフラ周りを預かる企業と岐阜県のようなクライアントを見つけて、すべてを同時にやっていたことは、ものすごい挑戦をしていた時代なんでしょうね。

　そして、この辺りから、徐々に今につながるデジタルアーカイブの黎明期に入ります。1997年頃は、『季刊・本とコンピュータ』という雑誌が創刊されるなど、デジタルを考える局面とインターネットが普及期に入った時期で、Webと接続されていないアーカイブとWebに近づいてくるアーカイブの黎明期として認識があったのかなと思います。

肥田　今の岡本さんのお話もよくわかる話であります。振り返ってみますと、インフラの技術は歴史が浅く、例えば商用インターネットプロバイダーの「IIJ」がサービスを開始したのが1992年、その後「Windows95」が出て、家庭でも普通に画像を扱うようになりました。ですから、25年以上前ですね。

　2000年には、ソニー・コンピュータエンターテインメントから「PlayStation2」が発売されました。一見、デジタルアーカイブと関係がないように思えますが、「PlayStation2」の発売は、DVDが普及するきっかけとなりました。DVD-Rが出始めた頃は1枚5,000円もしたため普及が進まなかったわけですが、「PlayStation2」にはDVDドライブが標準装備されていたので、家庭にDVDの再生環境があっという間に広まりました。

　そうしたら、映画会社はすぐにDVDで作品をリリースし始めました。圧倒的に需要が増えたので、DVDメディアの価格が下がったわけです。そこで、デジタルアーカイブで扱うメディアもCD-RからDVDに代わるようになったという経緯がありました。今では誰もが使っているスマートフォンも、「iPhone」が出たのは2007年ですから、ほんの14年前です。これからも、いろいろなことがすごいスピードで変わっていく。プロダクツ

ライフサイクルみたいなものというのは、どんどん短くなり、コンピュータが10年後にどういう形をしているのかもわからない。そうやって、デジタルの形を変えて産業的に続いていくんだろうと思っています。

　もう一つ、エポックメイキング的な黎明期の話ですが、東京大学の史料編纂所が100周年の記念の年に、東京国立博物館の平成館で「時を超えて語るもの」という、特別展示会を開催しました。

　一般的に、歴史物の展示会は文書や甲冑、掛け軸等がガラスケースの中に展示されて一部を見られるだけでしたが、その時は平成館の第4展示室をまるまるデジタルミュージアムの部屋にしました。総合プロデュースはTRONの坂村健先生です。当時はインタラクティブや、相互構成と言っていましたが、ガラスケースという物理的な展示スペースを補うものとして、関連する情報をデータベースで提示する試みは新しかったなと、今でも思っています。展示ケースを介して見るよりよほど細かいところが見られる。だからと言って、本物を見たことになるかと言うと、そうはならない。本物を見たときの本物感や匂いは、やはり本物にしかできない。

岡本　技術的な視点という意味では、日本企業はグローバル展開をしていて、世界的なデジタルアーカイブのインフラにもなっていると思います。これら日本の各企業は、言語の大きなバリアがあるところを越えてそれぞれの技術を普及させているということをすごく感じるところがあります。デジタルアーカイブの歴史の中では、どのように意識されてきたのでしょうか。

手嶋　今では名前が変わっていますが、フランスのルーヴル美術館などの国立美術館を統括する国家的組織RMN（フランス国立美術館連合）との関係で、その一部門であるフィルム貸出を行っている組織と付き合いをする機会がありました。昔、私はカレンダーを作っていたことがあり、RMNにフィルムの貸出をお願いしていたのですが、フランスでは夏になるとバカンスシーズンになるため、頼んだことがいつになるのかわからない。そんなことがあったので、「あなたのところにデータを提供するのでフィルムをデジタル化させてほしい」と相談しました。すると、共同でデジタル化

した画像データの応用分野を商業用途全般に広げ、日本国内の新たな市場創出のため1998年より「RMNイメージアーカイブ」（画像ライセンス）を始めることになりました。その後、大英博物館やボストン美術館などへつながってきています。一方、国内では、東京国立博物館が当時独立行政法人としての新たなサービスを検討していたこともあり、フランスの取組を紹介したところ、「TNM（Tokyo National Museum）イメージアーカイブ」を2002年よりスタートするということになりました。現在では取り扱う美術館も増え、現代美術の著作権処理のコーディネーションを含めアーカイブ画像提供は、私が在職していた会社の1つのサービス事業として成立しています。また、RMNとのつながりは、2007年からルーヴル美術館との"LOUVRE-DNP MUSEUM LAB"という「多様性に富む来館者に対し、一人ひとりに合った情報をどのようにデジタル技術を利用して提供するか」というプロジェクトへつながって、種々のデジタル体験により新しい視点での鑑賞手法を開発しています。

岡本　岐阜県のお話は、先見の明があった知事とそれに応える技術者集団がいて、それが海外に広がり再び国内に戻ってきた。これは、画像というものを扱っていたからこそ、国境と言語の壁を越えられた部分があったではないかと感じました。しかし、同時期のインターネットの技術的サービスと比較すると、日本の中で考えられたものが、世界を駆け巡る中で成長するという過程は、今後のデジタルアーカイブの産業化を考える上で非常に面白いプロセスであると感じました。この辺りは、Webの技術と比べて、大向さんにご発言をいただければと思います。

大向一輝（以下、大向）　私はまさにネット依存という感じで、高校生のときにインターネットに触れて、これでいこうと思って、そのあとずっとネットと共に歩んできました。たまたま、就職先が学術情報を扱っており、そこでCiNiiに関わり始めた頃からアーカイブや図書館を強く意識するようになりました。

　これまでにCiNiiで論文データを扱い、図書館の目録データを扱い、今

は文化庁メディア芸術データベースの構築をしているのですが、一度としてデジタルアーカイブをやっていると自覚したことはないように思います。CiNiiでは、2,000万件ぐらいの論文がデジタル化されていて、検索してアクセスできます。このようなWebサイトを純然たるデジタルアーカイブだと呼ぶ人もいるでしょう。今どきのデジタルアーカイブの定義にも十分あてはまると思うのですが、誰かに「CiNiiはデジタルアーカイブですね」と言われたことはなく、自分から言ったこともない。では、それは何なのかと言ったら、ただの情報サービス、あるいは道具でしかないという認識です。大きな情報のかたまりがあって、それを閲覧する人がいるという、一方向的な関係ではなく、研究のための情報源であると同時に自分の新しい論文も掲載されるという仕組みがある。だからこそ、それは研究の道具であって、提供者と利用者が常に入れ替わるという両面をどのようにサポートするかだけを考え続けてきたように思います。

　そういう中で、デジタルアーカイブは、社会的な位置付けや技術的側面などの多様な観点で見るべきものだと思っています。技術面でいえば、デジタルアーカイブといっても単なる情報システムの一種でしかない。電源ケーブルをずっと差しておかないと動かないとか、インターネットにつな

がる環境に置かないといけないとか、外部からエネルギーを注入し続けないと1秒たりとも存続できないという意味です。

　一方で、社会的には、価値のあるものが確固として存在しているという感覚をどのように体験させるのかという点に課題があると思っています。何らかの画像を扱っている、動画を扱っているから自然にデジタルアーカイブになるのではなくて、どうやってデジタルアーカイブの感覚を人々に受け入れてもらうのか。そのためには、見えるところ、見えないところを含めた仕組み作りの必要があり、これを継続した状態にするためのデザインが重要だと考えています。

　CiNiiの場合は、前提として使い手と情報を提供する人が一体化した環境が整っているため、ある程度、存続のモデルが見えていたという点がありますが、そうでない場合はどうあればいいのか。学術分野のように利用者と提供者が一体化するような状況を仕掛けて作っていくべきなのか、あるいは一般の商慣行にもっと近づけていくべきなのか。これらの関係をデザインすることは、複雑で非常に難しいですが、これから作っていけるという面白さもあると思っています。よって、まずはデジタルアーカイブをあまり特別視せず、普通の情報サービスとしてどうあるべきなのかということを考えると、そのお手本としては商用であろうが、非営利であろうが世界中のすべてのネットサービスがロールモデルになり得ると思っています。

岡本　90年代後半から2000年代の中盤ぐらいまでにかけて、インターネットそのものが急速に社会化されていく。Web2.0と言われたような時代です。気がつけばあらゆるものをサーチするという社会的ニーズが生まれ、気づいた時にはWebという世界そのものが、まさにデジタルアーカイブが志向してきたものに、そして、デジタルアーカイブがWeb化することによってWebと混然一体としたものになりつつある状況を感じていました。

　実際、当時のヤフーの画像検索のランキングは、ブログに貼られていた

怪しげな画像より東京国立博物館のような公的ドメインの画像の方が上位であるというチューニングをしており、その結果として、いわゆるデジタルアーカイブ群を意識していました。その一方で、Web検索のインデックスに取り込めない動的なアーカイブの存在に気づきつつも、デジタルアーカイブとして存在している一群がWebという大きな網と混然一体化するという過程です。ディレクトリ型検索からロボット型検索に遷移した流れは、急ではなく、なんとなく「気づいたら」そうなっていたんですよね。日本ではかなり後年まで、ディレクトリサーチに対する支持はありましたし、ヤフーがGoogleに敗れ去りましたというほど、シンプルな話ではない。それぐらい、様々なものが並列して進んでいましたが、当時のユーザーはこれらをうまく使い分けていた。この現象は、テレビとラジオの使い分けみたいな感じではないかという話を社内でしたことを思い出します。テレビとラジオにはそれぞれ多様な番組がありますが、それは互いに食い合っているわけでなく、それぞれが併存して楽しまれている。そういう意味では、日本の中で豊穣なデジタルの世界にあったデジタルアーカイブの一群とデジタル化された情報群があったということ、そして、Web2.0以降にどのように広がっていったのかきちんと評価する必要がある気がします。

肥田　デジタルアーカイブは、情報の集積で、それをどう利用するかというところはよくわかるのですが、それをやるにはお金がかかります。

　黎明期は、華々しいサイバーキャンパスのような私学助成もありましたし、デジタルアーカイブ・リサーチセンターのようなもので国や地方自治体にも大きい予算がついていました。でも、やりたいものはたくさんあるけど、5年たってパサと打ち切られたりするとそこで止まってしまう。それを横で見ていて、どこかで自己再生するデジタルアーカイブが作られて、利用され、また次の自分をアーカイブしていくための仕組みが必要だと感じていました。「民間主導」とは、そういうことだと思います。補助金や外部資金に頼っている限りは、継続的な活動は難しいとすると、どうやって

活動資金を調達していくかという点について、皆さんの知見を教えていただけますか。

大向　現在のネット環境の中で、今の人々は一体何にお金を払っているのだろうかということをよく考えます。メディア系の中では音楽が様々な状況や試みを先行して経験していると思います。それがいいか悪いかは別として、CDを購入する、楽曲を1曲買うためにお金を払うという人はどんどん減ってきている状況です。それ以外にも、少し前までは楽曲の1番だけが動画になっていて、全部聴きたかったら買って下さいという仕組みもありましたが、今ではそれもなくなりました。楽曲はすべてYouTubeで見られますとか、1番と2番の間にアーティストのコメントが入っている動画もあります。これまでとは全く違う体験の仕方が模索されるようになりました。

　冒頭でお話しになっていたデジタルアーカイブのワンソース・マルチユース展開を考えると、表現形態そのものが自由かつマルチに展開できるようになったときに、事後的にお金につながる何かが起こるのかもしれません。例えば、デジタルで何らかの画像が手に入ったあとに、どのようなアクションを起こすことができるのかという仕掛けの部分は、次の競争であり新しい領域になっていくと思います。

　以前にアテンション・エコノミーという言葉が流行りましたが、最後の希少資源は人のアテンション、すなわち注意を向ける時間で、テレビやエンターテインメント等すべての領域で人々の時間を取り合っているという世界観があります。そこではコンテンツ自体の力が問われるとともに、それを人々に届ける情報サービスの作りの善し悪しでアテンションが劇的に増えたり減ったりすることになります。こうなると、コンテンツの力を最大限に引き出せるか、出せないかというのは情報サービス次第になり、その差が明確に出てくるのが2020年代だろうと思っています。だから何なのかとは言えませんが、非常に面白い世界であることは間違いないし、そこで扱われるお金は、これまでには想像できないような動き方になると思

います。

岡本　ひと頃、デジタルアーカイブのビジネスモデルとして「Getty Images」が大きなインパクトを与えたと感じています。以前、Gettyに取材に行ったときに、やはり「ストックフォトなんだよね」というところから出られないと話されていました。つまり、それ以上のニーズがなかなか生まれないということを強くおっしゃっていたのが印象的でした。もしかしたら、いわゆるBtoCエリアで発展していくものを期待することは、正しくないのかなという気もしています。

　今、根幹部分に立ち返ってきちんとデータで保存しておこう、デジタル転換しないと危いという、大きな認識が出てきました。つまり、デジタル転換をしておかないと、見ることができないということ。現地の博物館に行くということは、もはや特権性を持つという状況になることで、それはマネタイズが必要なビジネスになる。

　一方で、いわゆるBtoBにきちんと取り組んでいくことが、これからの経済成長、産業の成長にとって欠かせないことかなとは思います。そういう意味で大日本印刷や凸版印刷が社史関係を確実な流れとしてやってきたことは、これから強く活きてくるのかなという気もします。実際、社史に関して言うと、最近ではほとんどがデジタル化されていて紙で出ていないですよね。

肥田　大正時代から続く老舗企業のアーキビストの人にお話を聞く機会があったんですが、企業がどういう理念で創業して、どういう道をたどってここまできて、これからどこへ進もうとしているのか。100年以上、会社が続くということは相当なことで、いろいろ変わりながら、お客さまに価値あるものを提供しながら続けてきたことを整理しておくことは、新しいファンも増えますし、PRにもなるし、社員教育にもなります。要するにマーケティングとして、企業のブランディングになっているというのは、明らかです。

　先ほど岡本さんがおっしゃった、デジタル化しておかないと本当に見ら

れなくなるかもしれないという問題の一つに、美術館、博物館が持っている収蔵作品のポジフィルムがあります。2005年頃から、ポジフィルムがデジタルカメラに代わり、今ではほぼ100％ボーンデジタルになっている。とすると、ポジフィルムは15年ぐらい放置されているので、褪色や経年劣化が始まっている状況です。それらをデジタル化すると、また多額のお金がかかるわけで、皆さんやらないといけないのはわかっているけど、新しいものに予算がつきづらいという話になってしまって、結局はどうしたらいいんだろう、という状況は現実としてありますね。

手嶋　東京国立博物館は文化財を撮影した初期の印画紙、アルバム、ガラス乾板、モノクロ写真印画紙、カラーフィルムなどのデジタル化を、往時の文化財画像のデジタル化と同時に、文化財自身のデジタル化という二つの意味を持ったアーカイブ画像資産が築かれると見ています。

　そういえば、奈良ですごいものを作っていましたね。

肥田　法隆寺金堂壁画でしょうか。あれは、便利堂です。

岡本　便利堂は、ものの売り方もうまく、手元に置きたくなる文化財というものを広めたことに関しては大きな功績があると思います。コンテンツの価値というものをわかってらっしゃるということを感じました。

　今後、デジタルアーカイブの発展においては、アーカイブを作る側の企業だけではなく、利活用を促進するユーティリティ企業がどの程度出てくるのか、それと同時に、業界としてどのように育てられるのか、発展していける環境を整えていかなくてはならないと思うんですよ。とはいえ、デジタルアーカイブを公共財という観点から見たときに、それが変な代理店ビジネス化しても困る。この辺りは2020年以降に大きく成長する部分であり、産業になる可能性を考えると、その制度設計をどうするのか、今一番問われてくるテーマである気がします。

　技術水準に関しては、これまで試行錯誤をしてきた分、できないことはないというところまで上がっている。例えば、公開データを使って高校にある3Dプリンターで生徒たちが何かを作っている光景を見ると、とてつ

もない時代まできている。問題は、そこにほどよい経済性、つまりエコシステムを作れるかどうか。それが先ほどのGettyのようなモデルでもなく、独占的な形でもない、緩やかなエコシステムを編み出していけるかどうか。

大向　最近、この界隈で「あつまれどうぶつの森」のゲームが話題になりました。ゲームの中で好きな絵を描いて飾れる機能があるんですが、この仕組みに注目したGetty財団が、IIIFで公開している画像を半自動的にゲームの中に取り込めるツールを開発しました。Gettyに限らず、IIIFに対応した画像であれば何にでも対応できるので、いくつかのデジタルアーカイブ運営機関が保有する画像を紹介したり、実際にゲーム上で取り込んで見せたりすることがありました。これは、今までとは全く違うタッチポイントで、ゲームをしている人の中に自然とデジタルアーカイブが入っていく点で大きな可能性があるのではないか、という話で盛り上がりました。

　遊びに限らず、教育へのデジタルアーカイブの導入はすごく注目されている。ただ、どれほどデジタルアーカイブが整備されても、勝手に教育利用が始まるわけではないので、どのようなカリキュラムやパッケージを提供していくのか、どういう体験をしてもらうのかを考えることが重要です。データの公開に合わせて教材を作っていけると良いのかなと思いました。

　先ほどの移動美術館のお話は、30年近く前にどうやってタッチポイントを作るのか、アクセスする方法を生み出すのかという課題に対して向き合われていたことに衝撃を受けました。自分たちも情報システムを作るということと、タッチポイントを作るということは、次元の違うことであることを意識しなければ、世の中に普及させるのは難しいと痛感しました。

手嶋　絵の関係ですと、オランダではアムステルダム国立美術館が所蔵しているレンブラントの『夜警』のデジタルアーカイブで巨大な原寸大複製を作って、老人ホームに貸し出しています。私は、これからの美術館はそういうデジタルで役立つサービスをしていく必要がでてくるのではないかと思います。今回のコロナ禍の影響で、新しいサービスが生まれてくるのではないかと思います。

岡本　これが平行して言われている、GIGAスクールやオンライン教育とセットになってくると、実は大きなブレイクスルーである可能性もあると思います。美術や社会科的な教科書の在り方が変われば、デジタルアーカイブにとっても、すごくいい展開になります。

手嶋　私もそう思います。これからの博物館、美術館の重要な仕事には、情報提供があると思います。自分たちが持っている宝をいかにみんなに知ってもらうのか。作品の見方も時代によって変わるので、その時代ごとに見方が異なるんだということを、ちゃんと現在普及のメディアを使って伝える。そんな中で、私はもう10年も前に製作されたメトロポリタン美術館のWeb番組［CONNECTIONS］（www.metmuseum.org/connections/）をアーカイブ画像を生かした静止画番組、Web Publishingとして評価したい。作品には多元的な解釈があり、人それぞれに違う感性で作品を見ていることを教えています。

岡本　企業側からデジタルアーカイブの視点で博物館、美術館を捉えた場合、大きなクライアントであると言えますが、そこから教育面へのアウトリーチをサポートできることは、これからのビジネスとしての発展性が見込まれるだけでなく、公共性、公益性も高い内容になると思います。美術の教科書に『ゲルニカ』の絵がすごく小さく載っていますが、本物を見るとみんな驚くという体験とか、『鳥獣戯画』ならば自分で拡大して見られるのであれば文化体験の在り方が、ガラッと変わります。アフターコロナ的な話も、これを受けてデジタルにつながってくる。最初の車で回るハイビジョンギャラリーの話から、手元の端末に文化の体験が届くという状況になったとき、30年、40年前に構想された世界が遂に完結する感じがあります。そして、そこから本当の産業が生まれてくるのではないかという。むしろ、われわれが淘汰されかねない、すごい小中学生が出てきても、全然不思議ではないんじゃないでしょうか。それこそ、ゲームを通して、デジタルクリエイティブに慣れている子どもたちが、そういった文化財と出会ったときが、実は本当の始まりという気がします。

全体的に、まとめの方向には行きたいと思いますが、『デジタルアーカイブ・ベーシック』シリーズ最終巻の重要コンテンツとしての位置付けもありまして、既刊の4巻をふり返りつつ、デジタルアーカイブ全体を見通して、これからの展開、あるいは過去のこのプロセスに学べる要素等、それぞれコメントをいただけますでしょうか。

手嶋　私はアート・ドキュメンテーション学会の立ち上げの頃から関わっているのですが、日本は美術のドキュメンテーションをデジタルできちんとしていくことが活発化してきました。資料があってこそ、新たな発想ができるわけで、資料を昔のように自分の研究のためだけにプライベートなものにするというのは今はないと思います。アメリカのスミソニアン協会のArchives of American Artでは、写真、インタヴュー、日記、メモ書き、フィナンシャル・レコード、手紙、スクラップブック、AV資料、ディラー、コレクター、批評、オーラルヒストリーなど、いわゆるエフェメラようなものまであらゆるものを集めてデジタル化を進めています。誰でも見れるという環境。これは、スミソニアンだからできるというのでなくて、やらないといけないということを皆が認識しなければならない。そのようにアーカイブ対象を広げることにより新しい解釈が生まれたり、より深味が出てくるわけです。画像を集めただけではコンテンツにならない。新しい視点を加えながらの説明は「ああ、そうだったんだ」と、新しい知識を得て、本物を見てうれしいわけです。そして、次世代へとつながって行きます。

肥田　デジタルアーカイブは、その場に行かなくてもネットを介して使えることが特性ですので、教育を含めて活用の場面があると思う一方で、オープンアーカイブのようなものと、どのようにして折り合いをつけていくか、制度設計が必要になるだろうと思いました。やはり、普通にしていただけでは食べてはいけない。音楽は、そういうところはしっかりしていて、楽曲が使用されたのならば、著作権者や所蔵者にインセンティブが入っています。今までは、なんとなくアカデミックなものは、無料で見られたりす

るのが普通でしたが、そこを切り替えて、音楽の著作権のような仕組みがあるといいなと思っています。

岡本　そこですよね。なかなか難しいところですが、本当に無償ベースでいいものとそうでないものに対して、いくつかのレイヤーが必要だと思います。その中で、大事だと思うのは、教育用途の開発です。これは国庫に依存するわけですが、これからの教育課程の中に、児童や生徒たちの教材として活用することに加えて、自らが学んでいく過程の中でデジタルアーカイブを作るというプロセスが組み込まれてもいいのではないかという気がします。

手嶋　それいいですね。アーカイブの深堀と拡大、それを活用したコンテンツ作りの多様化に期待したいです。

岡本　そのすべてを税に依存するのは危険だとは思いつつも、一方で、地方における文化財保護や、施設としての美術館・博物館、そしてアーカイブをある一定程度守るためには、国庫による投資は避けられません。だから、適切な投資をして、変な方向に行かないように評価をしつつも、教育のプロセスの中で、デジタルアーカイブを実践しながら、地域の資産を作っていく。これは、すごいお宝でなくてもよくて、その地域において絶対に欠かせない何かを、きちんと守っていくということをやる。

　　教育と、教育資産を作るために裏打ちされた体験のデザインを10年、20年、30年ぐらいの期間で作って投資しておくことは、実は先々に対する大きな教育効果になり、大きな伸びしろになるのではないか。そして、これらは、完全無償ライン、教育に対して行う政策的投資ライン、純粋な産業投資ラインに分けて考えてもいいのではないか。歴史的、文化的なものを含むコンテンツをたくさん持つわが国では、実はとんでもない資産があると言ってもよいと思います。デジタルアーカイブ全体で、政策提案をしていく必要がある部分だと思います。

手嶋　まさにそうです。

岡本　だから、そこはもっと活かしようがある。

大向　いろいろ考える一方で、純粋にもう少し驚きがほしいなということがよくあります。大きくてびっくりするとか、デジタルアーカイブの初期はすごく画像きれいに見えるということ自体が驚きだったと思いますし、それが手元に来るということも驚きでした。デジタルテクノロジーによって、デジタルアーカイブの管理が委託になるとか、便利になるということとは異なる次元の驚きがほしいです。その驚きという体験が強烈であればあるほどに、この分野や領域でちょっと頑張ってみようか、という人も出てくるんだろうなということを感じています。まさに、デジタルアーカイブの始まりが、多くの人を驚かせたからこそ、今につながっていっているのだと思います。

岡本　私がヤフーで「Yahoo!知恵袋」というQ&Aサービスを始めたときに大先輩に言われたことが、「ほかのQ&Aサービスを駆逐してはいけない」ということでした。みんなが競い合い、その状態をしばらく続けないとQ&Aというマーケットが生まれないと。「特にヤフーは、すぐに独り立ちするから失敗するんですよ。市場が生まれない。だから伸びない。いかにも1社独占しているように見えているけれど、市場は小さいでしょう」とも。これは、結果的にQ&Aというマーケットが生まれて良かったケースです。

　こうしたことは、デジタルアーカイブにも同じように言えて、例えば印刷会社中心という安易な構図ではなく、ものすごく多様なプレイヤーが生まれてきたということに意味があると思います。この業界を10年、20年見てきて、対象をフィルムアーカイブやアニメアーカイブの領域まで広げると、恐ろしくプレイヤーが増えたと感じるところです。だから、このような多様なプレイヤーが参加できるマーケットを大事にすることは良いと思うところはあります。ただ、このマーケットの中で小さく勝てればいいというのではなく、業界にかかわるすべての人が、デジタルアーカイブが世の中にきちんと埋め込まれるように、常に意識し、努力していく必要があります。結果、マーケットが大きくなればなるほど、経済を含め、必ず

何かの成長につながるだろうと思いました。

　皆さま、いろいろ話を尽くせなかった部分もあるかと思いますが、これで終了とさせていただきます。ありがとうございました。

第7章

アートの世界を変えるブロックチェーン

太田圭亮

1　はじめに──アートの価値

　本章では、アートの価値づけ・価値保存の新しい方法論としてブロックチェーン技術による新たな流通システムを提案するとともに、今後の更なる可能性についても触れていく。

　そもそもアートとは何だろうか、アートと言われた時どのようなイメージを描くだろうか。オークションハウスで何十億円と値がついて売られるペインティング作品、美術館で大事に飾られている彫刻、街中のインテリアショップで販売されている写真作品。一口にアートと呼称しても、その形態から値段まで様々であり、アートの定義自体も曖昧で決まったものはないと言えよう(本章でアートの定義づけに深入りするのは誌面の関係上控える)。このような多様さを持つアートの価値を、アートディーラーのマイケル・フィンドレーは著書『アートの価値』の中で、商業的価値、社会的価値、そして美的価値の3つに分類している。商業的価値は投資財としての金銭的価値、社会的価値はアートを通して得られる社会的地位やネットワークなどの付加価値、美的価値はアート作品を鑑賞することで得られる知覚的な美しさを表している。この3つの側面を総合したものがアートの価値であり、それがアート作品の価格に影響を与えるのである。さらには、アートの価値は

決して絶対的・不変的なものではなく、様々なパラメーターによって変わっていく。そのパラメーターは、作家の生涯や作品の種類、批評家・鑑定家の評価、購入者の知名度、場所や時期など極めて多岐にわたる。本章では、その中でも特に、アート作品がマーケットで流通される中でどのように作品の価値が変遷していくのかという点にフォーカスして論じていく。

2　アートの流通と価値づけ

　アートの価値は、その作品が誕生しマーケットで流通・評価されていくことで変遷していく。その結果、ジャン＝ミシェル・バスキアの作品のように数百億円で売買されるアートが出てきたり、フィンセント・ファン・ゴッホのように死後に有名になるアーティストが登場したりするのである。それは、多くのアート関係者・コレクターが、そのアートが誕生してから今までのストーリー・歴史に価値を見出すからである。一般的な商材と異なり、アート作品は単なる機能的な価値だけではなく、希少性・唯一性によって価値づけされる。作品のサイズ、マテリアル、精度のような定量的な指標はある一定価値づけに影響するが、それ以上に、アート関係者やコレクターが作品が生み出されることになった思想や歴史に共鳴・感動することで価値が向上する。すなわち、作品本来のメッセージや美的価値に加えて、その作品が歩んできた道のりやその歴史的背景が作品に唯一性を与え価値醸成に一役買っているのである。

　一口にアートの歴史と言っても、展示歴、修復歴、批評歴や鑑定歴など様々な種類が存在する。特にその中でも、作品の価値づけに大きな影響を与えるのが作品の所有歴である。一般的にアート作品の所有歴は来歴（プロビナンス）と呼ばれ、この来歴がアートの価値に大きな影響を与える。いつの時代にどこで売買されて誰がその作品を保有していたのか、が作品の信頼性を左右するのである。例えば、有名なコレクターに所有されていたり著名美術館に所蔵されていたりすることで作品の評価が上がることも珍しくない。

そのような来歴の中でも特に重要視される傾向にあるのが、アート作品の最初の所有歴である。つまり、その作家の作品を一番初めに購入したのが誰なのかが作品の価値を大きく左右する上、その後の作家の知名度にまで影響するのである。有名な例としては、今や数十億〜数百億円で作品が売買されているアメリカ人コンテンポラリー・アーティストのジャクソン・ポロックも、ペギー・グッゲンハイム[1]が最初のコレクターになったことで知名度が上がったという経緯がある。

　もう一方で重要な点が、作品の真正性（オーセンティシティ）である。数十億、数百億円で作品が取引されることもあるアート業界では、必然的に作品の偽物、すなわち贋作も多く流通される。一説によると流通されている作品の40%近くが贋作であり、有名美術館の展示作品の中にも多くの贋作が混ざり込んでいると言われている[2]。そのような業界において、確かにその作品が作家によって作られたことを証明・判定することは、作品の価値を守る上で極めて重要になる。しかしながら、「本物の証明」にはいくつものハードルやクリアしなくてはならない論点が存在する。以下に3点ほど、それら問題を紹介する。

　まずは贋作技術の向上である。鑑定技術も年々改善されているものの、いたちごっこのように贋作技術も向上しており、例えば近年では3Dスキャナー・プリンターを用いてアート作品のクローンを作る技術が発達している[3]。作品表面の色彩情報だけではなく積層された画材や顔料の情報までをコピーすることが可能だ。もはや科学的に真作と贋作を区別することが困難になりつつあるほどに贋作技術が向上しているのである。

　2点目は真贋の定義の曖昧さである。本物や真作とはなんなのだろうか。作家が直接自分の手で作品を制作していないとその作品は真作と呼べないのだろうか。例えば、オランダ人作家のレンブラント・ファン・レインは自身が制作した作品に加えて弟子たちが制作した「工房作品」をもレンブラントの名前で販売していたと言われている。これは果たして贋作と言えるだろうか。確かに本人が制作したわけではないが、作家の工房が制作しており本人が自

分の作品であると認めているのである。油絵の世界では議論が分かれるかもしれないが、これが写真やデジタル作品であればその作家の工房・スタジオが制作した作品はその作家本人のものであると誰もが認めるのではないだろうか。

　そして最後は、コンセプチュアルアートの中には「有体」のモノを伴わない作品も多いことである。モノではなく概念に作品の根拠がある場合、何によって本物・偽物を区別するのだろうか。デジタルアートも同じである。今までのデジタルアートは特定の媒体を通して表示したり、何かしらの素材に出力することで作品に「有体」を与えモノに作品の根拠を与えていたが、今後デジタルの世界だけで作品が完結するようになった場合どのように本物を見分けるのだろうか。全く同じ作品が二つのモニターに投影されていた場合、どちらかが真作でどちらかが贋作なのだろうか。

　こういった状況においても、ある一定程度作品の真正性を担保するためには、事実を記録し継承していくことが必要不可欠である。作品が制作された時や売買された時などに、その事実を安全なシステム上に記録していくことで、将来作品の価値を判断する上での材料となりうる。時代が変わるにつれ、真贋の考え方や作品の価値づけに対する基準は変化していくかもしれないが、各時代で判断ができるように作品にまつわるファクト＝事実を常に蓄積させていくことが肝心である。

　ここまで見てきたように、作品の来歴と真正性の二つが作品の価値づけに大きな影響を与えてきた。そのアート作品の価値づけのプロセスを担ってきたのが、ギャラリーやオークションハウス、鑑定団体や美術館などのアートマーケットのプレイヤーたちである。しかしながら、その仕組みは極めて脆弱なものであると言わざるを得ない。まず、作品の真贋を証明する証明書は紙を媒体としたものであり、標準フォーマットも決まっていない極めてシンプルなものである。各アーティストやギャラリーがそれぞれのスタイルで印刷した証明書に手書きの署名がされているのが一般的である。作品を証明する貴重な書類だが、複製や偽造、紛失のリスクが極めて高い。実際に証明書

が複製されてしまうこともあり、証明書の真正性を証明する必要が出てきているのが現状である。さらに来歴も記録管理されていることが珍しく、正確な来歴を把握するのは極めて困難で、オークションハウスなども数年かけて来歴調査をすることがあると言われているほどである。

　このように、作品の価格が高価であるにもかかわらず、その価値づけの仕組みが極めて脆弱かつマニュアルベースなため、業界で信用を勝ち得ている一部のアート事業者が比較的クローズドな環境で作品の流通を管理しているのが現状である。それは決して作品を一部のプレイヤーで囲い込むためではなく、アート作品の価値を保護するための番人として、作品の価値を毀損しかねないやりとりを防止しているのである。しかしながらその結果、アート業界は一部の認められたアーティストを中心とした極めて閉鎖的なマーケットになっている。もし現在少数のアート事業者が担保している信用を他のシステムやテクノロジーで担うことができれば、アート作品の価値を保ちつつより多様な人に開かれたマーケットに変えることも可能になるかもしれない。そしてそれを実現できる可能性のあるテクノロジーがブロックチェーン技術なのである。

3　アートの価値づけとブロックチェーン技術

　まずは、ブロックチェーン技術の概要と特徴について触れたい。ブロックチェーンは、インターネットの登場に匹敵する技術革新になり得ると言われている。そのような考えを背景に、金融業界をはじめ、既に多くの企業や研究機関がブロックチェーンの利活用検討を進めているが、その技術はまだ広く理解されているとはいえないのが実情である。

　ブロックチェーンは一般的に、ユーザー間のやり取り（売買や情報の交換など）のデータを時系列に保存する「分散型デジタル台帳技術」と定義される。取引が行われると、それに関する情報のブロックが生成され、その1つ前に生成されたブロックの内容を表すハッシュ値[4]とともに格納され、それぞれ

のブロックはハッシュ値により時系列につながり続ける。これがブロックチェーンと呼ばれる所以である。

　多くの既存ビジネスやシステムが中央集権的であるのに対して、上記のようなブロックチェーンを活用したシステムは、より分権的な仕組みであり、様々な特徴や可能性を持つ。一般的なシステムではそのシステム自身に問題が発生したり不正なデータ改竄が行われたりした場合、そのシステムに依存しているデータやサービスの基盤が根底から崩れることとなる。一方ブロックチェーンシステムでは、全ての情報を集中的に処理・記録するサーバーは必要なく、ネットワークに参加する多数のノード（台帳を管理する複数のサーバー群）により、分散的な管理を行う。これにより、サイバー攻撃やシステムの不具合等によるダウンタイムが発生しないだけでなく、一部のノードが機能しなくなったり不正を働いたりした場合でも、他のノードが機能している限りシステム全体には影響がない。その結果システムを維持するためのコストが下がるだけではなく、特定の管理者が信頼性・信用を担保する必要がなくなる。特定のプレイヤーが「信頼できる仲介者」を担うのではなく、公開鍵暗号方式を用いた「電子署名」と独自の「コンセンサスアルゴリズム」によって信用を担保するのである。その結果、ブロックチェーンシステム下では、Peer-to-Peerのやり取り（仲介者を挟まない個人対個人のやりとり）が実現可能となる。

　このようなブロックチェーン技術がアート業界に様々な可能性を与えると考えられている。実際にForbesの記事[5]の中でもアート領域でのブロックチェーンの有効性が謳われており、特に①プロビナンス（来歴）の管理、②アートの分割所有、アート投資の民主化、③限定販売やデジタルアートの販売管理、において有効だと書かれている。まずは、ブロックチェーンの耐改竄性の高さにより、作品の諸情報や来歴情報が安全に記録・保存することが可能になる。また売買システムなどと連携することで来歴が自動で記録され情報を蓄積することもできる。さらには、アートにまつわる権利がブロックチェーン上で証明されアート流通の流動性が上がることで、アート投資や

アート作品の分割所有などがより現実的なものとなる。または、ブロックチェーンで権利が証明されることで、今まで希少性を保つことが困難であったデジタル作品の限定販売も可能となる。

　このようにブロックチェーン技術を活用することで、既存のアートマーケットの問題点を解決するだけではなく、今までにない新しいアートの活用方法が実現可能となる。後者の新しい可能性については次節でより詳細に見ていく。

　実際のアート業界で導入が進むブロックチェーン技術の一例として、筆者が所属するスタートバーン株式会社（以下スタートバーン）が運営・開発を主導するStartrailというシステムを紹介する（図1）。Startrailは、イーサリアムというブロックチェーンをベースとしたインフラであり、作品の様々な情報を安全に格納できるだけではなく、様々なサービスと接続することでそれらの情報をサービス間や事業者間で共有することが可能である。ひとつのサービスに依拠したシステムではなく、ギャラリーやオークションハウス、美術館や大学など、様々な事業者に接続が可能で、アート作品流通のインフラのような性格を持つ。既存の作品証明書のように作品の諸情報を記録できるだけではなく、来歴や展示歴などの作品にまつわる履歴も自動で記録される。また、イーサリアムのスマートコントラクト[6]という技術を活用して、作家に二次販売の収益の一部を分配する還元金の仕組みを設定することも可能である。このように、作品にまつわる情報をサービスや事業者を横断して記録・更新することができる上、作品にまつわる規約も自動で継承・実行することが可能になる。その結果、アート作品やその権利にまつわる情報を安全かつ円滑に記録・伝達することができるので、アートマーケットの流動性が上がるだけではなく、今までアートマーケットの仕組みに入り込むことが難しかった若手アーティストなどにも活躍の場を与えることが可能になり、アート業界の発展につながると期待される。

　現状は、スタートバーンが一社でStartrailの運営・開発を進めているが、その運営は近日設立予定のStartrail協議会に移される予定である。Startrailを

協議会が運営することで、より脱中心的かつ公共的なインフラが実現し、将来的には「たとえスタートバーンと初期運営者がこの世から消えたとしても残り続ける、アート業界全体にとって持続可能かつ必要不可欠なインフラストラクチャー」になることを目指している。より詳細なStartrailの構想や技術仕様に関してはホワイトペーパーという形で公開されているので参照いただきたい[7]。

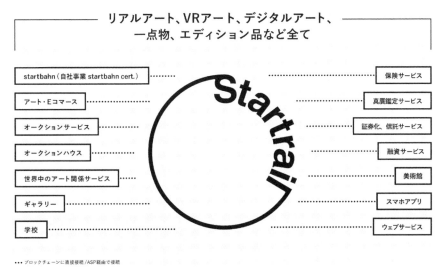

図1　Startrail概念図。多様なサービス・事業者に接続するブロックチェーンインフラ

4　新しいアートの価値づけの可能性

　本節では新しいアートの価値づけの可能性や、潜在的なアートの活用方法について詳細を取り上げる。

　FTとNFTという言葉がよくブロックチェーン業界では用いられる。それぞれ、ファンジブルトークンとノンファンジブルトークンを意味し（図2）、日本語にすると代替可能な財と代替不可能な財である。例えば金融市場に

おける紙幣や株券などはFTの代表であり一つ一つの財にユニーク性はなく、その数量が価値・価格の大きさに比例する。ビットコインなどのデジタル通貨や暗号通貨もFTの例である。価値・信頼性を担保するものが存在し（株券であれば会社、紙幣であれば中央銀行などがそれに当たる）、その財自体の数量が制限・コントロールされることで、FTは財としての価値を持つ。一方でNFTはそれぞれの財が固有の性格を持ち、他の財と代替することのできない財であり、例えば住宅などの不動産やゲーム内のキャラクターがその例である。そして、もちろんアートもNFTに当たる。基本的にアート作品は一点ものであり、各作品が異なる材料によって構成されその作品が持つコンセプト・メッセージも異なる。そしてその価値は、唯一性や希少性、新規性によって測られる。

　このように価値づけの方向性をFTとNFTという切り口で捉えることで、アートマーケットにおける今後の可能性も見えてくる。すなわち、今までのNFTとしての価値をさらに深化させアートの持つユニーク性をさらに発展させる道と、FTとしての価値づけの方向性を模索しアートマーケットの流動性を高めていく道である。それぞれの可能性についてより詳細に見ながら、その動きに対してブロックチェーンがどのように寄与できるのかを探る。

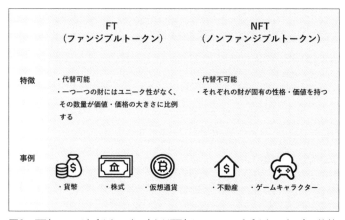

図2　FT（ファンジブルトークン）とNFT（ノンファンジブルトークン）の比較

これまでに述べてきたように、アートのNFT的価値はその真正性や来歴＝ヒストリーによって裏付けされる作品の希少性、唯一性によって形成されている。そして、それを担保するためにギャラリーやディーラー、オークションハウスといったアート事業者が存在している。では、このようなアート業界の構造は今後デジタル化の波の中でどのように変遷していくのだろうか。作品の売られる場所もリアルの場からデジタル空間に移行していき、作品自体もデジタル作品が増えてくるだろう。それに従い作品との関わり合い方も、実際の目で作品を見てギャラリストの話を聞きながら作品を選びするのではなく、パソコンの画面上で作品を選びマウスで拡大しながら作品を吟味しワンクリックで作品を購入するというのがスタンダードになるかもしれない。さらには、VR空間上で鑑賞できる作品と言うのも今後増えていくかもしれない。

　その時に問題となるのが、デジタルデータの複製の容易さである。デジタルデータは、その性質上、簡単に完璧なクローンを作ることが可能なため、希少性・唯一性を価値の源泉とするアートとは極めて相性が悪いと言える。常に作品の真贋を重視してきたアート業界において、容易にコピーできてしまう「データ」を作品として扱うのは極めて困難であり、メディアアートなどの作品の多くもハードディスクやUSBに保存されたり、投影するモニターを含めて作品としたり、「データ」に「有体」を与えることで作品の唯一性を担保してきた。しかしながら、デバイスに依存する形での作品保存は、記録方式や記録媒体に関する技術の発達や仕様の変更、または対応機器の生産終了などの影響を受けやすく、今後維持することが難しくなる可能性がある。

　そのような状況の中で、ブロックチェーン技術を用いることでデジタルデータに「実存」を与えることが可能になるのである。すなわち、ブロックチェーンの仕組みを用いることで、そのデジタルデータ及びデジタル作品の生みの親すなわち著作権者が誰であるのか、またはそこから許可を得てそのデジタル作品を閲覧・利用する権利の保有する者が誰であるのかを第三者機関に頼らずに証明することができる。そうすることで、いくらデータ自体が

複製可能だとしても、そのデータの真のオーナーを明確にすることができるため、デジタルデータもアート作品としての希少性・唯一性を担保すること可能になる。つまり、あるデジタル作品を自分が所有していた場合、このデジタル作品の持ち主が確かに自分だけであることをブロックチェーンで証明できるのである。このようにブロックチェーン技術によって、デジタルデータやオンライン上のアート作品のNFTとしての価値が保証されることで、新しいアートの形が生まれる可能性がある。

　次に、FTとしてのアートの可能性を探っていきたい。FTの代表例としては既述したように紙幣や株券などの金融商品が挙げられるが、比較のために金融業界とアート業界それぞれの価値づけのフローを考察してみる。金融では格付け会社や証券取引所、機関投資家などが、会社の信頼や上場という側面から会社のNFT的価値づけを行う。それをベースとして証券会社ではFT的証券の目利き役として動く。一方でアート業界では、NFTのアート作品の価値づけ及び流通を担うプレイヤーとしてギャラリーや鑑定業者がいるが、それをベースとしてFT的財を流通する仕組みは現時点では確立していない（2020年12月時点）。しかしながら、金融の歴史とアートの歴史とを比べてみると、今後近い将来アートのFT的財というのが実現する可能性があると筆者は考えている。金融の世界でも、その起源をたどると物々交換（NFT同士の交換）から始まり、そこからより効率的な価値交換の手段として貨幣が生まれ（FTを介した価値交換）、やがて証券という金融商品が誕生しその派生的商品としてデリバティブのようなものが編み出されてきた。一方でアートはどうだろうか。基本的にはアートは元来NFT的な価値を持っている。しかしながらやがて版画作品が生まれ、エディションという考えが誕生した。それはさらに写真技術やデジタルコピー技術が発達するにつれより進展し、それらエディション作品はより交換可能なFT的な財になりつつある。もしもアートが金融市場と同様の歴史をたどるとしたならば、アートのNFT的価値を担保とした証券的商品やさらにそれを先物取引する動きまでもが一般的になるのかもしれない。実際にアートの分割所有のサービスも

小規模ながらいくつか展開されている。今後このようなマーケットが拡大していくためにも、担保となるアート作品の価値の保証が重要になってくるため、ブロックチェーンがその役割を担うようになる可能性も極めて高い。

5　アートにおけるデジタルアーカイブとブロックチェーンの今後

これまでに、作品の価値づけという文脈において、ブロックチェーンは重要な情報を格納する堅牢なデータベースとして機能することを述べてきた。つまり、作品の基本情報や作品の来歴、作品所有者の情報などのデータを改竄されない形で将来に渡って引き継いでいくことで、作品の価値づけの材料として活用することができるのである。このブロックチェーンによる作品の価値づけプロセスが発達し、より多くの作品がブロックチェーン上に記録・登録され、情報量が増加するにつれて、ブロックチェーンは一種のアートのデジタルアーカイブとしての性格を持つようになる。つまり、アート作品が売買・展示されるたびに記録が蓄積されていく生きたアーカイブであることに加えて、ブロックチェーンという誰もがアクセス可能なデータベースに情報を記録することで、多くのアート関係者にオープンなデータベースとして活用することが可能となる。

アートの情報をアーカイビングすることの意義は、アカデミックなそれを超えて多岐にわたる。アートの歴史を振り返ると、中世、近代、現代（モダン）、コンテンポラリーと時代を経るにつれて、アート作品の物質的な精細さや美しさではなく、その作品の持つメッセージすなわち思想が作品の価値を決めるようになってきている。すなわち現代においてアートを買うという行為は、その作品・作家の思想を買うこととほぼ同義だと言える。そしてより多くの人がその思想にユニーク性を感じ共感することで、その作品は大作としてマーケットで評価されるようになるのである。したがって、作品が評価されるためにはその作品の同時代性、すなわちその時代の社会の価値観に作品の思想が共鳴していること、が極めて重要となる。当然だが、時代が変

わることにより、人々の生活は変化し、それに伴い人々の価値観・考え方も変わってくる。結果として同じアート作品でもその思想が多くの人に評価される時代もあれば、見向きもされない時代もあるのである。例えばフィンセント・ファン・ゴッホが評価されるようになったのも彼の死後であることは有名である。今評価されているアート作品も数十年後は忘れ去られているかもしれないし、逆に今誰も知らない作品が100年後に突如評価されたとしても何ら不思議ではない。そのような中で重要なのは、アート作品にまつわる情報を後世に引き継ぎどの時代においても作品が正当に評価される基盤を作ることである。そうすることで、その作品が多くの人に評価される時代が到来した際に作品が発掘され正しく評価されやすくなる。一方で、作品にまつわる情報が欠損していると、評価してもらうことができずそのチャンスを失うリスクが極めて高くなる。このように、アート作品の持つ同時代性を引き出すためにも、その作品が光り輝く時代が到来するまで、作品にまつわる情報を継承することの意義は大きい。

　さらには、アートの情報蓄積は現状のアートマーケットの裾野を広げるためにも、一役を担う可能性がある。多くのトップギャラリーやオークションハウスの多くは、顧客に対して作品に興味を持ち、購入してもらうために、大きなカタログを数冊抱えてセールスに向かう。その作品や作家についての情報をあらゆる角度から提供することで作品について知ってもらい、購買行動を促進させるのである。前述したように「思想を買う」という側面が強いアートに関しては、しっかり情報が顧客に届いているかが非常に重要である。そもそも何も知らずに作品を眺めているだけではその作品の思想に触れることすら難しいのである。しかしながら、現状で十分な情報を獲得できるのはトップアートマーケット（グローバルに展開しているギャラリーやオークションハウス）で作品を購入する富裕層ユーザーに限定されているように見える。裾野のマーケットでは、美術館での展覧会等で買えるカタログ以上の情報を得ることは難しい。特に日本国内において、作品や作家の十分な情報や作品カタログが揃っているのは、トップアーティストに限定されている。

一方で、海外では多くのギャラリーやアーティストのスタジオが出版事業を通して情報発信に努めているが、日本国内ではそのような動きは極めて稀である。より多くの情報がより多くのユーザーに行き届く状態を作り、まずはアート作品や作家について知ってもらうことがアートマーケットを盛り上げるための第一歩であり、そのためにデジタルアーカイブが貢献できることも多くあると筆者は考える。

　アートにおけるデジタルアーカイブは、アカデミックな分野に留まらずマーケットの活性化のためにも極めて重要な要素であり、その中においてブロックチェーン技術が耐改竄性と公共性という特徴を活かして貢献できる部分も大きいと言える。まだブロックチェーン技術自体は発展途上であり、スケラービリティなどの問題が存在するのが現実である。また、ブロックチェーンのリテラシーが世間一般的に低いため、アート業界においてブロックチェーン普及のために賛同者・協力者を集めることにも大きなハードルがある。

　このように、解決しなければいけない課題が多数あるものの、ブロックチェーンという新しい技術がアートマーケット全体を変えていくことは間違い無いと言えるだろう。

注
1)　グッゲンハイム美術館の創立者であるソロモン・R・グッゲンハイムの姪であり、20世紀を代表するコレクター。
2)　Fine Arts Expert Institute（FAEI）の調査では、作品の半分は贋作という結果が出ている（https://artdaily.cc/news/73562/Fine-Arts-Experts-Institute--Lab-sleuths-in-Geneva-help-art-world-uncover-fakes#.X3vfXZP7Q1I, https://news.artnet.com/art-world/50-percent-art-forgery-estimate-may-be-exaggerated-duh-137444）（最終アクセス：2020年10月1日）。
3)　クローン技術の一例として、東京藝術大学のスーパークローン文化財プロジェクトがある（https://geidai-clone2020.sogomuseum.jp/）（最終アクセス：2020年10月1日）。
4)　特定の関数（ハッシュ関数）に対して元データを引数としたときに生成される文字列。特徴としては、ハッシュ値から引数（元データ）を特定することは不可能。また

同じ引数に対しては同じハッシュ値が生成されるが、引数が変わるとその変化が軽微な場合でもハッシュ値は大きく変動する。

5) https://www.forbes.com/sites/elenazavelev/2018/10/25/why-blockchain-will-impact-the-art-market/#2d245d4a4973（最終アクセス：2020年10月1日）

6) スマートコントラクト機能とは、イーサリアムをはじめとしたブロックチェーンが持つ機能である。契約内容をブロックチェーン上に記録することで、契約の条件確認や履行までを自動的に実行させることが可能になる。

7) ホワイトペーパーはStartrail website（https://startrail.io/）からダウンロード可能。

参考文献

マイケル・フィンドレー（2014）『アートの価値——マネー、パワー、ビューティー』美術出版社, 271.

辛美沙（2018）『アート・インダストリー——究極のコモディティーを求めて』美学出版, 320.

加嵩長門・篠原航（2018）『ブロックチェーンアプリケーション開発の教科書』マイナビ出版, 340.

野口悠紀雄（2020）『ブロックチェーン革命』日本経済新聞出版社, 319.

リブラ研究会（2019）『リブラの正体 ——GAFA は通貨を支配するのか？』日本経済新聞出版社, 248.

矢野誠・クリス・ダイ・増田健一・岸本吉生（2019）『ネクスト・ブロックチェーン』日本経済新聞出版社, 304.

第 **3** 部

デジタルアーカイブ産業の兆し

第8章

「デジタルアーカイブ産業」の萌芽と期待

夛屋早百合・小林慎太郎

1　はじめに

　「デジタルアーカイブ」というと、一般に、文化資源の保存と公開という公共領域の活動という印象を持たれることが多いのではないだろうか。しかし、近年は、デジタルアーカイブ学会やデジタルアーカイブ推進コンソーシアム（DAPCON）の設立、著作権法改正[1]によるアーカイブの利活用促進に向けた権利制限規定の緩和など、デジタルコンテンツの流通・利用までを見据えた産官学による取組が進められており、新たなビジネス領域として注目されつつある。

　実際に、地域資源の継承と魅力発信、オリンピック・パラリンピック、新型コロナウィルスといった歴史的な出来事の記録などを、デジタルコンテンツとして収集して取り扱う機会は増えており、公的機関のみならず、民間企業や個人においてもデジタルアーカイブの利活用が広がっている。

　本章では、デジタルアーカイブのこれまでの変遷を振り返りながら、期待されるビジネスの萌芽事例を紹介し、デジタルアーカイブが今後、一つの産業として発展していくための課題について考察する。

2 「デジタルアーカイブ」の広がり

デジタルアーカイブ推進協議会（JDAA: Japan Digital Archives Association）は、その広報誌『デジタルアーカイブ』（1996年）で、デジタルアーカイブを「有形・無形の文化資産をデジタル情報の形で記録し、その情報をデータベース化して保管し、随時閲覧、鑑賞、情報ネットワークを利用して情報発信すること」と定義した。一方、内閣府は「我が国におけるデジタルアーカイブ推進の方向性」（2017年）において、「様々なデジタル情報資源を収集・保存・提供する仕組みの総体」と定義している。

JDAAと内閣府の定義ともに、デジタルコンテンツの保存と公開という部分は共通している。違いは、前者が、その対象をアナログ媒体の資料・作品等をデジタル化したコンテンツとしているのに対し、後者が、ボーンデジタル[2]の作品（デジタルカメラの写真、電子書籍等）、デジタルコンテンツ自体の縮小版や部分表示であるサムネイル／プレビュー、内容や所在に関する情報を記述したメタデータも対象としている点である。

デジタルアーカイブの概念が提唱された1990年代は、アナログ媒体をデジタル化することによって、将来に文化資源を残す取り組みが中心であった。ICT技術の進展により、スマホやタブレット型端末が普及した現在では、誰もがデジタルコンテンツの提供者となり利用者となることができる。コンテンツがデジタルであることの特性（アクセスが容易、作成・加工・複製が可能等）を生かすことで、デジタルアーカイブの射程は大きく広がる。

デジタルアーカイブに関連するサービスは、DAPCONの会員企業の一部が提供する主なサービスを例にとってみると、美術館・博物館・図書館等を対象としたサービス、民間企業を対象としたサービスに大きく分類される（表1）。

現在、デジタルアーカイブに関連するサービスは、美術館・博物館・図書館等だけではなく、民間企業が保有する文化資源向けにも提供されている。しかし、アナログ媒体をデジタル化し、管理するサービスが中心であり、デ

表1　デジタルアーカイブに関連する主なサービス

類型	事業者名	サービス概要
美術館・博物館・図書館等を対象としたサービス	株式会社エヌ・ティ・ティ・データ	美術館・博物館・図書館等機関の画像、動画、音声等を一元管理（AMLAD®）
	寺田倉庫株式会社	日本古来の文献など貴重な文書、書籍のアーカイブ（T-Archive）
	株式会社ヴィアックス	図書館、博物館等で所蔵している貴重資料をデジタルアーカイブ
	日本ユニシス株式会社	デジタルコンテンツを貸し出せる電子図書館（LIBEaid）
	キヤノン株式会社	日本古来の貴重な文化財の高精細複製品制作（綴（つづり）プロジェクト等）
	丸善雄松堂株式会社	人文社会系などの貴重な史資料のアーカイブ
	TRC-ADEAC株式会社	デジタルアーカイブを検索・閲覧するプラットフォームシステム
民間企業を対象としたサービス	富士フイルム株式会社	過去の写真、フィルムや業務用ビデオテープ、文書・書籍などをデジタル化し保管するサービス（d:ternity[ディターニティ]）
	株式会社日立製作所	電子メールや契約書、公的文書、図面、ファイルデータやログデータのコンテンツを長期保管するサービス（Hitachi Content Archive Platform）
	株式会社IMAGICA Lab.	映画フィルムのメディア変換、修復、保管、現像
	大日本印刷株式会社	貴重な史資料や劣化が懸念される紙資料を電子化し、データベースとして閲覧可能にするサービス

出所）　各社ホームページよりNRI作成

ジタルコンテンツの利活用に関連するサービスは多くない。利活用を見据えた産官学による取組が進められつつあるが、それを踏まえた具体的な事業については未だ各社手探りの状況にある。

3　デジタルアーカイブの潮流

　前述の通り、デジタルアーカイブに関連するサービスは、アナログ媒体を

デジタル化し、管理するサービスが中心となっているが、近年、アーカイブ対象やアーカイブ手法が多様化している。本節では、その潮流を事例とともに紹介する。

3-1 アーカイブ対象の多様化

2012年の総務省による「知のデジタルアーカイブ」の実現に向けた提言を契機に、記憶の継承や、人間・コミュニティの知的活動を支えるデジタルアーカイブの重要性が認識されるようになった。最近では、大規模な美術館・博物館・図書館で保存されるような有形資産のみならず、自治体や地域における無形資産のデジタルアーカイブ化の取組が目立つようになってきた。特に、歴史的なイベントや災害を契機としたデジタルアーカイブが増えている。

東京オリンピック・パラリンピックを契機とした取組としては、2014年に公開された「東京五輪アーカイブ 1964-2020」[3] が例として挙げられる。これは、首都大学東京（当時）と朝日新聞フォトアーカイブが共同で制作したものであり、1964年大会当時に朝日新聞社が撮影した写真が、Google Earth の三次元地形や建物モデルに重ねられて可視化されている。

災害を契機とした取組としては、東日本大震災に関連するアーカイブが代表的な例であろう。国立国会図書館が2013年「国立国会図書館東日本大震災アーカイブ（愛称：ひなぎく）」[4] を公開した。また公的機関に加えて、民間の取組も活発であった。Yahoo! JAPANの「東日本大震災　写真保存プロジェクト」[5] では、2011年から2014年までの間に個人から提供された6万点以上の写真を公開し、震災の記録や東北の風景が保存されている。

2020年は、新型コロナウィルス感染症に関するデジタルアーカイブの取組が進められている。2020年4月、関西大学アジア・オープン・リサーチセンター（KU-ORCAS）では、「コロナアーカイブ@関西大学」[6] と題して、新型コロナウィルスに関するデジタルアーカイブの構築を開始した。デジタルアーカイブ学会においても、社会状況の記録に関心を持つ図書館・博物館・

表2　無形資産のデジタルアーカイブの取組の例

実施主体	タイトル	内容	出所
長野県、信州大学	台風19号　サイトで伝承　来年夏公開へ　インタビューや動画、教育活用＝長野	県と信州大は、千曲川の堤防が決壊するなど県内に甚大な被害をもたらした昨年10月の台風19号の記録を残す「デジタルアーカイブ」事業を始める。防災教育などで活用する方針で、2021年夏にウェブサイトでの公開を目指している	2020/07/02　東京読売新聞
群馬県	大噴火語る碑、デジタル公開　浅間山「天明三年語り継ぐ会」調査／群馬県	群馬と長野の県境にそびえる浅間山(2568メートル)は何度も噴火を繰り返してきた。1783(天明3)年の大噴火は、噴石や火山灰、泥流がふもとの村々を襲い、約1500人が亡くなった。被災地には犠牲者の供養碑や惨事を刻んだ碑(いしぶみ)があり、災害を今に伝えている。石造物の情報を集め、インターネットの「災害記念碑デジタルアーカイブマップ」で公開された	2020/06/30　朝日新聞
関西大学	新型コロナ：新型コロナ　コロナ禍の日常記録　関大、写真・動画公開	関西大(大阪府吹田市)は、新型コロナウイルスが与えた影響を写真や動画などで振り返る「コロナアーカイブ@関西大学」を開設した。学生や教職員らに素材の提供を呼びかけ、ウェブサイトで公開している。書籍やインターネットには残らない、日常生活や教育・研究現場の実態を記録したいと、4月にデジタルアーカイブとして始めた。	2020/05/29　毎日新聞
NTT／全日本・学食会／立命館大	食の体験を再現するデジタルアーカイブ構築へ　NTT	NTTと食学会、立命館の3者は、食を人間の面から解明し、食文化を継承・発展させることなどによる、食を通じたウェルビーイング(人が身体的、精神的、社会的に良好な状態であること)の実現に取り組む。最初のテーマとして、「食のデジタルアーカイブ化」と「おいしさの解明」を挙げる。食のデジタルアーカイブ化では、料理そのものや、料理をおいしく食べた体験および思い出を完全に再現するとともに、新たな創作の発想を促進できるデジタルアーカイブの実現を目指す。料理の再現などに必要な事柄を明らかにした後に記録し、モデル化して提示できるようにする	2020/05/13　14:00 日本経済新聞電子版
毎日放送	京の文化遺産と四季、家で楽しんで　毎日放送、ユーチューブで配信【大阪】	デジタルでおこしやす。毎日放送は、京都の文化遺産の映像をユーチューブで無料配信している。四季折々の古都の姿を自宅にいながら楽しめる。映像は「醍醐の桜」「龍安寺」「東寺の四季」で、それぞれ10分以内の動画にまとめている。桜や青々とした木々、紅葉、雪化粧、しっとりした雨の日など多彩な景観で、デジタルアーカイブ技術を駆使した高精細映像が見どころだ。	2020/05/09　朝日新聞

自治体・文書館・大学・産業などに向け、COVID-19に関するアーカイブ活動の推進が提案されており、これらの活動を支援していくとされている。

　最近の報道を見ても、防災や文化等の無形資産のデジタルアーカイブの取組が進められていることが分かる(表2)。

3-2　アーカイブ手法や表現技術の多様化

　ICT技術の発展により、アーカイブ手法や表現技術が多様化している。所蔵する資源をデジタル化し、インターネット上で公開するというのが、一般的なデジタルアーカイブ手法であるが、近年は、画像処理技術の進展に加え、高解像度モニターやAR・VR、3D、プロジェクションマッピング等、コンテンツそのものだけでは無く、アーカイブ手法や表現技術そのものが人々の興味・関心を高めるきっかけとなっている。

　その例として、那覇市の「みんなの首里城デジタル復元プロジェクト」[7]が挙げられる。火災で焼失した首里城を3次元(3D)モデルで復元する際に、市民や観光客から集めた写真や画像データを使用する。完成した3Dモデルを応用して、現地を歩きながらVR(仮想現実)空間を楽しむこともできるよう、観光資源としても活用していくという。

　小規模団体におけるICT技術活用の例も見受けられる。例えば、公益社団法人3.11みらいサポート[8]は、変わりゆく東日本大震災の津波被災地の「過去・現在・未来」を時系列で可視化し、津波の被害を後世に伝える「石巻津波伝承AR」アプリを提供している。フォトグラメトリー[9]によるデジタルアーカイブを行う「1964TOKYO VR」[10]は、過去の写真・画像を個人や法人から広く収集し、東京オリンピックが開催された1964年の渋谷の街並みをVRで再現している。

　最近の報道を見ても、アーカイブ手法や表現技術を工夫したデジタルアーカイブの取組が進められていることが分かる(表3)。

表3　ICT技術を活用したデジタルアーカイブの取組の例

実施主体	タイトル	内容	出所
森総合公園(徳島市)	ネットで鑑賞 資料500点 デジタル化 徳島県文化の森 5施設所蔵=高 知	徳島県文化の森総合公園(徳島市) は、園内5施設の所蔵資料約500点 をデジタル化し、インターネットで 公開を始めた。年代の異なる同じ地 域の地図を重ね合わせて比較できる ほか、埴輪(はにわ)などの立体資料 は3D画像で再現。	2020/05/27 大阪読売新聞
NTTデータ	NTTデータ、東 南ア文化遺産、 3Dデータに。	NTTデータは東南アジア諸国連合 (ASEAN)の事務局向けに歴史的な文 化遺産をデジタル化する「デジタル アーカイブシステム」を構築したと 発表した。東南アジア諸国の博物館 や図書館、公文書館、企業や団体が 保有する文化遺産の画像や音声、動 画、3次元(3D)データを専用ウェブ サイトで無料で閲覧できる。	2020/03/15 日経MJ(流通新聞)
NTT東日本／東急文化村	NTT東日本と 東急文化村、 Bunkamura ザ・ ミュージアムで デジタルアーカ イブ技術を活用 し未発表作品を デジタル展示	東日本電信電話株式会社(本社:東 京都新宿区、代表取締役社長:井上 福造、以下「NTT東日本」)と、株式 会社東急文化村(本社:東京都渋谷 区、代表取締役社長:中野哲夫、以 下「Bunkamura」)は、2020年1月9日 よりBunkamura ザ・ミュージアムで 開催される写真展において、未発表 作品のデジタルアーカイブ化及び、 NTT東日本の通信ビル内に集積した アーカイブデータのサイネージ配信 によるデジタル展示を行う。ICT技 術を活用し、価値ある作品を新たな 表現方法で発信することで、文化芸 術の振興を目指す。	2020/01/08 16:00 日本経済新聞電子版
那覇市	3D化へ記念写 真100万枚募る、 デジタル首里 城、再建の布石 に。	火災で焼失した首里城(那覇市)の再 建をデジタル技術で支援する活動が 広がり始めた。市民から集めた写真 や画像データを使って首里城を3次 元(3D)モデルで復元し観光資源に 活用したり、関係資料や証言を集め てデジタルアーカイブとして保存し たりする取り組みだ。火災から1カ 月がすぎ、関係者は「市民が前を向 くきっかけをつくりたい」と意気込 む。歴史や映像の専門家らでつくる 市民団体「沖縄デジタルアーカイブ 協議会」は11月17日、首里城復元に 関する記録資料や証言をデジタル化 し、県民と広く共有することを目指 して「首里城アーカイブ基金」を設立 した。	2019/12/02 日本経済新聞

実施主体	タイトル	内容	出所
国立科学博物館	VR活用、外国人向け充実＝国立科学博物館が運営方針	国立科学博物館は27日、中長期的な運営方針である「科博イノベーションプラン」を発表した。収蔵庫にある標本を仮想現実（VR）を使って展示したり、外国人旅行者に分かりやすい展示に取り組んだりする。 同館は現在、動物の剥製や植物のサンプルなど約470万点の標本を保有するが、多くが茨城県つくば市の収蔵庫に保管され、東京・上野の本館の展示は1万2000〜1万3000点にとどまる。 プランでは、収蔵庫にある標本の写真や立体データなどを収録してデジタルアーカイブ化を推進。収蔵庫の様子を本館内で再現して表示するなど、VR技術の活用に取り組む。	2019/06/27 時事通信ニュース
熊本第／凸版印刷	熊本大と凸版印刷、デジタルアーカイブデータを活用した熊本城「石垣照合システム」を開発	熊本大学と凸版印刷、熊本城崩落石材の位置特定作業を効率化デジタルアーカイブデータを活用した熊本城「石垣照合システム」を開発し、目視では解らなかった石材の正しい位置を特定。 地震で崩落した約3万個に及ぶ石材の位置特定作業を効率化。	2019/05/24 14:50 日本経済新聞電子版

4　デジタルアーカイブ産業の領域の変化

　前節において、近年のデジタルアーカイブで見られる主な取組をレビューした。本節では、それらの取組が、デジタルアーカイブ産業に与えた影響をバリューチェーンに沿って確認し、今後成長が期待される領域を検討する。

4-1　デジタルアーカイブ産業のバリューチェーン

　デジタルアーカイブ産業のバリューチェーンは大きく、3つに分けられる。各バリューチェーンにおけるステイクホルダーの取組は次の通りである。

　①一次利用：コンテンツホルダー自身が、有形・無形コンテンツをデジタル化し、保存・保管、情報発信を行う。

　②集約・検索・権利処理・流通：コンテンツホルダー、アグリゲーター等

が、デジタルアーカイブを連携させてポータルを構築したり、二次利用
可能なように権利処理を行う。
③二次利用：デジタルコンテンツを利用したい事業者等(コンテンツホル
ダー以外も含む)が、コンテンツに付加価値を与え、ビジネス、研究開
発、教育、観光等の目的で、消費者にサービスを提供する。

4-2　現在のデジタルアーカイブ産業の主領域

　1990年〜2000年代は、美術館・博物館・図書館・大学向けのサービスが
デジタルアーカイブ産業の主領域であった。デジタルアーカイブの概念が提
唱された1990年代半ば以降、インターネットの発展とともに、公共図書館
や博物館、美術館などを中心にデジタルコンテンツが盛んに開発された。こ
のころ、公的機関や大学が保有する貴重な文化資源のデジタル化が進み、印
刷物や作品といった有形の文化資源対するサービスが普及した。

　2010年代に入り、前節に述べたように、アーカイブ対象が有形から無形
へと多様化し、ICT技術の進歩によりアーカイブ手法や表現技術が多様化し
た。その結果、現在のデジタルアーカイブ産業の主領域は、デジタル化から
情報発信までを含む一次利用全体へと押し広げられ、小規模な自治体・地域、
民間企業もデジタルアーカイブへと取り組むようになった。

4-3　今後成長が期待される領域

　デジタルアーカイブ産業の領域は1990年代と比較すると着実に拡大しつ
つある。しかし、表1に示す通り、主な事業者によって提供されるサービス
は、コンテンツホルダーによる一次利用に留まったものが多い。

　国の「知的財産推進計画2015」において、デジタルアーカイブの推進が政
府全体の施策として取り上げられ、デジタルアーカイブ学会やDAPCONと
いった関連組織が発足し、国全体として、デジタルコンテンツの有効活用が
推進されている。この機会を活かしつつ、デジタルアーカイブ産業を更に発
展させていくためには、「集約・検索・権利処理・流通」「二次利用」に該当す

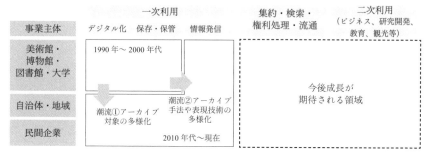

図1　デジタルアーカイブ産業の領域の変化

る機能やサービスを産業全体として強化していく必要がある(図1)。

5　今後成長が期待される領域におけるビジネスモデル

　デジタルアーカイブ産業の今後成長が期待される領域におけるビジネスモデルを萌芽事例から検討し、そのビジネスモデルをデジタルアーカイブ産業として位置づけていくための課題を考察する。本節では、「コンテンツホルダー主導」「アグリゲーター」「リテール主導」「広告・会員」の4つのモデルを検討する(図2)。

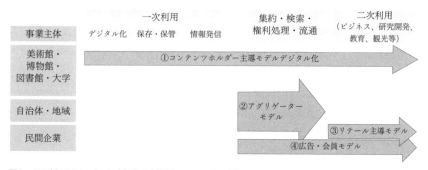

図2　デジタルアーカイブ産業のビジネスモデルの例

5-1　コンテンツホルダー主導モデル

　コンテンツホルダー主導モデルは、コンテンツホルダー自身が消費者の
ニーズに合致したコンテンツを提供するビジネスモデルである。美術館・博
物館・図書館といったコンテンツホルダーは、自前のホームページ上でデジ
タルコンテンツを提供することが多いため、その利用者は、特定のコンテン
ツもしくは美術館・博物館・図書館といった施設自体に興味を持った人に限
定されてしまう。このモデルは、コンテンツホルダーと異業種が連携するこ
とで、コンテンツや施設に対して付加価値を与え、新しいチャネルを開拓す
るものである。

　例として、2020年4月に話題になったメトロポリタン美術館の例を紹介
する。メトロポリタン美術館は、所蔵している作品のうち、約40万点の
画像を無料公開しているが、これをバーチャルワールドとして人気がある
Nintendo Switchの「あつまれどうぶつの森」内で使用できるようにした（図3）。
コンテンツホルダーがデジタルアーカイブを上手く二次利用した事例といえ
よう。なおこの事例は、国際的なデジタルアーカイブ規格であるIIIFが普及
して、J・ポール・ゲティ美術館からデジタルコンテンツをゲーム内のミニ
アートワークに変換できるツール「Animal Crossing Art Generator」が提供され
たことが実現に寄与している。

　しかしながら、コンテンツホルダー主導モデルでは、コンテンツホルダー
自身が、二次利用を目的とした消費者ニーズを調査や、サービス実現に向け

図3　「あつまれどうぶつの森」におけるデジタルアーカイブの利用事例[11]

た技術開発をしなければいけない。このモデルを実現できるのは、必要な予算や人材を確保できる大規模な美術館・博物館・図書館に限定されてしまうと考えられる。小規模な機関・団体・事業者等が一次利用としてデジタルアーカイブに取り組む場合に、このモデルを実現させるには、バリューチェーンの川下に該当する機能を有する他事業者との連携を検討していく必要がある。

5-2　アグリゲーターモデル

　アグリゲーターモデルは、コンテンツの一次利用と二次利用のつなぎ役として、コンテンツを集約し検索可能なポータルを構築・運用したり、権利処理をしてコンテンツの利用条件を取りまとめたりすることで、コンテンツの市場への流通を図るビジネスモデルである。アグリゲーターモデルは、アーカイブ機関ごとに構築されたデジタルアーカイブを束ね、「点」では無く「面」で提供する役割を果たすため、特に小規模なアーカイブ機関・団体にとって必要不可欠なビジネスである。

　ここでは、ジャパンサーチとADEACを例として取り上げる。

　2019年2月、国立国会図書館がシステム運用を行う、国の分野横断型統合ポータル「ジャパンサーチ」の試験版が公開され、2020年の正式公開に向けて機能の拡充が進められている。ジャパンサーチでは、書籍等分野、文化財分野、メディア芸術分野などの複数分野のデジタルアーカイブと連携しているため、利用者はコンテンツのメタデータをまとめて検索できる。

　ジャパンサーチは公的機関による取組であるが、民間の取組としてはTRC-ADEAC株式会社によるデジタルアーカイブシステム「ADEAC」（図4）がある。運用開始から10年あまりで、全国の図書館・大学等106機関のアーカイブを搭載し（2020年7月時点）、Web上で公開しているだけでなく、自治体での観光施策、地域学習支援など、図書館・大学等の連携したデジタルコンテンツの二次利用の活動に繋げている。

　アグリゲーターモデルは、コンテンツ数がプラットホームの価値を高める

図4　デジタルアーカイブシステム「ADEAC」[12]

一つの重要な要素となるゆえ、スモールスタートが難しい。ジャパンサーチは、まだ試験段階ということもあるが「一般利用者はもちろんのこと、研究者や教育者からも遠い存在である」との指摘がされているとおり[13]、サービスの定着までには時間がかかるだろう。また、二次利用に繋げることを想定するのであれば、利用者とのマッチング方法も検討しなければならない。例えば、デジタルコンテンツを利用したい事業者から、必要としているコンテンツやビジネスアイデアを提案できるような機能を構築することも考えられる。

　アグリゲーターモデルを進化させて、ワンストップでコンテンツの市場への流通を図るビジネスモデルの事例として、イースト株式会社の「電子復刻」を紹介する。「電子復刻」は、出版社が有する刊行物を電子化して販売するために、著作権処理や売上管理を基本的に無償で代行し、売上の40％を出版社に支払うというサービスである（図5）。2020年4月には、出版社7社と基

図5　イースト株式会社「電子復刻」のビジネスモデル

本契約し、大学教科書・教材など学術書を中心に1600冊の電子化を完了しており、出版社の眠った資産の掘り起こしに資するサービスとして注目を集めている。

5-3　リテール主導モデル

リテール主導モデルは、消費者との接点を有する小売事業者等が、デジタルコンテンツを二次利用するビジネスモデルである。著作権保護期間が満了したコンテンツ、または著作権処理の済んだコンテンツを活用するのであれば、仕入にかかるコストを抑えて、収益性の高いサービスを提供できる可能性がある。

ここでは、アマゾン・ドットコムのプリント・オン・デマンドサービスを紹介する。アマゾン・ドットコムの電子書籍配信サービスでは、国立国会図書館のパブリックドメインとなった古書のデジタルコンテンツを電子書籍化し、自社のKindleアプリ上で読むことのできるサービスを無償で提供している。さらに同社はこのサービスに加えて、株式会社インプレスR&Dと協業で、プリント・オン・デマンド技術を使用して、絶版本や希少本などのリアルな書籍として流通しなくなった本を、消費者の注文に応じて印刷・製本し、

図6　羅生門のオンデマンド（ペーパーバック）サービスの例[14)]

販売するサービス「NDL所蔵古書POD」を提供している（図6）。なお、インプレスR&Dの同サービスは大日本印刷株式会社が運営する電子書籍ストアhontoにおいても提供されている。

　リテール主導モデルとしてアマゾン・ドットコムの事例を紹介したが、著作権保護期間が満了したコンテンツや著作権処理の済んだコンテンツの活用事例が、十分に認知されていないのが現状の課題である。ADEACの事例において自治体や地域におけるコンテンツの二次利用の実績があると述べたが、このような公的な活用事例だけでは無く、収益性のあるビジネスでの活用事例をベストプラクティスとして業界全体で共有していく必要がある。

5-4　広告・会員モデル

　広告・会員モデルは、コンテンツホルダーではない事業主体が、コンテンツの収集や権利処理、消費者への配信を行うことで収益を得るビジネスモデルである。

　ここでは、Jコミックテラスのマンガ図書館Zの例を紹介する[15]。マンガ図書館Zでは、絶版になったマンガや単行本化されていないマンガを著作者の許可を得て公開している。サイト運営によって得られた広告収入を著作者に還元することを基本としていて、作品の配信に伴う広告収入を著作者に還元し、サイト運営側は料金を取らないというモデルを構築した。広告収入の他、プレミアム会員による会員費も収入源としており、基本的なサービスを無料で提供し、高度な機能は有料で提供するフリーミアムモデルを採っている（図7）。

　このモデルでは、消費者のニーズに応じたコンテンツを事業者自身が収集し権利処理を行う必要があるため、著作者や出版社との調整に時間を要する。しかし、マンガ図書館Zのように、彼らに対するメリットを明確にすることにより、電子書籍化・配信の許諾処理のコストを低減できる可能性がある。

図7　Jコミックテラスのマンガ図書館Z[16)]

6　おわりに──デジタルアーカイブ産業の発展に向けて

　デジタルアーカイブの二次利用を妨げているボトルネックとして、権利処理の煩雑さと、収益分配の仕組みが未整備であることが挙げられる。デジタルアーカイブに関するビジネスが持続的に発展して「デジタルアーカイブ産業」を形成していくためには、この二つの大きなボトルネックを解消することが不可欠である。

　権利処理については、著作権をはじめ、肖像権やパブリシティ権など対象となる権利は様々ある。こうした様々ある権利の処理をスムーズに行うことのできる仕組みが整備されることで、デジタルアーカイブの二次利用を促進することが期待される。

　例えば、著作権の権利処理については、過去に「文化庁eBooksプロジェクト」[17)]で整理されたように、①資料に含まれる全ての著作物とその著作者を洗い出す、②著作者の没年を調べて著作権保護期間内かどうかを峻別する、③著作権保護期間内の資料については、著作権者の連絡先を調べ、連絡先の判明した著作権者に対して二次利用の許諾を依頼する、という一連の手続から構成される。このとき、著作者の没年が分かれば著作権期間が満了していることを判断でき、著作者の連絡先が分かれば二次利用の許諾を依頼することを迅速に実施することができる。現状、著作者の没年や連絡先に関する情報は官民様々な機関に偏在化しており、アクセスしづらい状況にある。こう

した情報を連携して、一体的なデータベースとして産業界で共有されれば、デジタルアーカイブの二次利用が促進されると考えられる。

　収益分配の仕組みについては、コンテンツが二次利用されることで収益を上げて、著作者やコンテンツホルダーに対してもその収益の一部を還元するような収益を分配するビジネスモデルとそのモデルを運用するプレイヤーを、消費者とのチャネルを有する事業者と連携しながら検討していく必要がある。

　国立国会図書館等の公的機関がデジタルアーカイブに取り組む場合は、予算を確保した上で、二次利用のための権利処理を行い、その権利処理済みのコンテンツをデジタル化して提供する。一方、民間事業者は、デジタルコンテンツの提供を通じて収益を上げて、お金が循環する仕組みを構築しなければならない。

　まずビジネスとして二次利用可能なコンテンツを増やすためには、著作者やコンテンツホルダーに対してもコンテンツが消費された際、例えば利用回数に応じて収益が還元される仕組みが必要である。本章で紹介したイースト株式会社やマンガ図書館Ζはその好事例である。

　さらに「あつまれどうぶつの森」の事例のように、二次利用の際には、普段から美術館や図書館の施設を利用している既存のユーザー層では無く、新たなユーザー層にコンテンツを利用してもらう必要がある。しかし、一般に、コンテンツホルダーは、消費者にリーチする機能を有していないため、自前でユーザー開拓をするのは難しい。そのため、消費者とのチャネルを有していて、コンテンツ市場のニーズを把握している事業者との連携が重要になる。連携する先としては、電子書籍ストアのみならず、教育関連の事業者や、ゲーム・アプリの開発事業者等も考えられる。

　新型コロナウィルス感染症対策のための「新たな生活様式」によって、オンラインサービスの利用時間が増えており、消費者のデジタルコンテンツの消費時間も増えている。また、国民の意識として、働き方を変えたり、地方移住を前向きに考えたりする機運が増しており、テレワークや遠隔教育、遠隔診療などのリモートサービスに対するニーズが高まっている。これらのサー

ビスの実現にはデジタルアーカイブの活用が不可欠である。これは一過性の
トレンドではなく、デジタルアーカイブ産業を持続的に発展させる端緒と捉
え、各プレイヤーが知恵を絞り、手を携えて業界全体として二次利用の促進
に向けた課題に取り組むことが期待される。

注

1)　2018年アーカイブ関連著作権法改正（2019年1月1日施行）によって、国立国会図
書館が有するデジタル化資料の海外図書館への送信、美術や写真の作品展示に伴う
利用（館内タブレットなどの情報端末への掲載）等が可能になった（「著作権法改正が
デジタルアーカイブに与える影響と今後の課題〜アーカイブサミット2018-2019第1
分科会レポート」（https://hon.jp/news/1.0/0/25335）（最終アクセス：2020年9月20日））。

2)　ボーンデジタルとは、制作された時点で電子媒体での利用を前提としたデジタル
フォーマットとなっているコンテンツ、あるいはそのコンテンツの制作フローをい
う。電子出版関連では、紙の底本がなくデジタルオリジナルとして制作された電
子書籍コンテンツや、その制作フローを指して使われる（日本電子出版協会（https://
www.jepa.or.jp/ebookpedia/201605_2999/）（最終アクセス：2020年9月20日））。

3)　「東京五輪アーカイブ1964-2020」（http://1964.mapping.jp/）（最終アクセス：2020年9
月20日）

4)　「国立国会図書館東日本大震災アーカイブ（愛称：ひなぎく）」（https://kn.ndl.
go.jp/#/）（最終アクセス：2020年9月20日）

5)　「東日本大震災　写真保存プロジェクト」（https://archive-shinsai.yahoo.co.jp/）（最終
アクセス：2020年9月20日）

6)　「コロナアーカイブ＠関西大学」（https://www.annex.ku-orcas.kansai-u.ac.jp/covid19
archive）（最終アクセス：2020年9月20日）

7)　「みんなの首里城デジタル復元プロジェクト」（https://www.our-shurijo.org/）（最終ア
クセス：2020年9月20日）

8)　公益社団法人3.11みらいサポート（https://311support.com/project/resilienceaa/ishinomaki_
ar）（最終アクセス：2020年9月20日）

9)　フォトグラメトリーとは、様々な方向から撮影したオブジェクトの写真を複数枚
使用してコンピューターで解析することで3DCGモデルを作成する技術。

10)　「1964TOKYO VR」（https://1964tokyo-vr.org/）（最終アクセス：2020年9月20日）

11）　メトロポリタン美術館ブログ（https://www.metmuseum.org/blogs/collection-insights/2020/animal-crossing-new-horizons-qr-code）（最終アクセス：2020年7月29日）

12）　ADEAC（https://trc-adeac.trc.co.jp/）（最終アクセス：2020年7月29日）

13）　阿児雄之（2020）「第7回定例研究会『ジャパンサーチの課題と展望』参加報告」『デジタルアーカイブ学会誌』4（1）.

14）　アマゾン・ドットコム（https://www.amazon.co.jp/%E8%8A%A5%E5%B7%9D%E7%AB%9C%E4%B9%8B%E4%BB%8B/dp/4777126064/ref=tmm_pap_swatch_0?_encoding=UTF8&qid=1595994301&sr=1-1）（最終アクセス：2020年7月29日）

15）　デジタルアーカイブ推進コンソーシアムは、デジタルアーカイブ産業賞の選定を行っている。これは、デジタルアーカイブ産業振興に寄与した活動を称揚することによって、デジタルアーカイブ産業及びデジタルアーカイブ推進コンソーシアムへの社会的関心を高めるとともに、産業の発展に資することを目的としている。第5節で紹介した事例のうち、ADEACとマンガ図書館Zは2020年の受賞事業である。

16）　マンガ図書館Z（https://www.mangaz.com/）（最終アクセス：2020年7月25日）

17）　国会図書館のデジタル化済み資料を、著作権処理して、電子書籍に仕立てて、民間サイトから配信する実証実験。2012年度に、野村総合研究所が文化庁からの委託事業として実施した。

第9章

デジタルアーカイブを活用した
自治体史編さん事業の提案

太田亮子

1　はじめに

　デジタルアーカイブシステム ADEAC[1]（アデアック）とは、ＴＲＣ-ADEAC 株式会社が（ティーアールシー）
提供する、主にデジタル化した郷土資料・歴史資料を、一般公開するための
クラウド型プラットフォームシステムである[2]（図1）。

　ADEACは、2010年度から3年間にわたり東京大学史料編纂所の社会連携
研究部門において行われた、産学連携研究の成果から誕生した。この研究の
目的は、歴史資料の統一的なデジタル化、目録化および閲覧方法を構築し、
自治体が所蔵する歴史資料の有効活用のための横断検索を実現することで
あった。その実現のため、自治体史を対象にしたテキスト検索システムの開
発と、その自治体史に引用されている歴史資料のデジタル化および閲覧シス
テムの構築が図られ、ADEACの誕生に至った[3]。

　この研究は石川徹也教授(当時。2021年3月現在TRC-ADEAC株式会社顧
問)が主導し、大日本印刷株式会社、丸善株式会社(現丸善雄松堂株式会社)、
株式会社雄松堂書店(同)、コンテンツ株式会社、株式会社図書館流通セン
ター(以下、TRCと略す)の5社が参加した。TRCがこの研究成果の事業化を
申し出て、2012年に同社の関連企業として設立したのがTRC-ADEAC株式
会社である[4]。

図1　ADEACトップページ

　自治体史や関連する歴史資料のデジタル化・搭載を主なターゲットとして、『石川県史』や『堺市史』のフルテキスト搭載から始まった本事業は2021年で10年目を迎えた。ADEAC利用機関は116に及び、搭載コンテンツ件数は表1のとおりである（非公開機関を除く。2021年3月27日現在）[5]。図書館への総合サービスを提供するTRCの関連企業としてTRC-ADEAC株式会社が立ち上がったこともあり、事業が始まって暫く、利用機関の中心は公共図書館であった。近年では博物館（郷土・歴史資料館等含む）や文書館、美術館などの機関、行政文書を管理する総務課など、図書館以外の多様な機関に拡大している。また、図書館と博物館、図書館と文書館など、自治体内の複数の機関が連携してデジタルアーカイブを構築する事例も増えてきている。さらに、利用機関が増加するとともに、取り扱う資料や公開方法も多様化している。

　以下、本章では、2節でADEACの特徴を概説し、3節でADEACをプラットフォームとして自治体史を公開している自治体の事例を紹介する。また、

表1　ADEAC搭載データ件数（2021年3月27日現在）

利用機関	116機関（非公開機関を除く）
目録データ数	97,569 件
画像データ数	52,077 件
本文テキストデータ数[6)]	95,597 件

4節で2021年現在、平成期の区史を編さん中である東京都豊島区の取り組みを紹介し、その事業に携わる中で得られた知見を元に、5節でデジタルアーカイブを活用した新しい自治体史の編さん事業の進め方を提案する。

2　ADEACの特徴

2-1　ビジネスモデル

　ADEACの現在のビジネスモデルは、図書館や博物館、文書館などの自治体内の機関や大学、民間団体等に働きかけ、各機関が所蔵する資料のデジタル化からADEACのクラウドサーバーに搭載する一連の作業を有料にて受託し、これらのデジタルコンテンツを公開するためのクラウドサーバーの利用料を得るという仕組みである。

　デジタルアーカイブでの資料公開を目指す各機関の状況は様々で、撮影やテキスト化といったデジタル化作業から携わることもあれば、デジタル化済みの資料をADEACへ搭載し公開する作業のみを受託する場合もある。いずれにしても、どのような資料を、どのような目的で、どのように公開するかを担当者と十分に相談して進めることとなり、コンサルタントに近い関わり方をすることも増えている。

2-2　ADEACの基礎データと横断検索機能

　ADEACでは①目録データ、②本文テキストデータ、③年表データ、④画像（動画・音声等）データを基礎データとしている。それぞれのデータを、自

治体史の刊本を想定して説明すると、下記のとおりである。

①目録データ（メタデータ）
　自治体史の書誌情報や、自治体史掲載資料の画像等（④）の情報を記述したデータである。
②本文テキストデータ
　自治体史の目次や本文など、資料の内容に関するテキストデータである。フルテキスト化し、搭載することで一語一語が検索対象となる。
③年表データ
　自治体史に掲載されている年表をテキスト化し、事項とそれが起きた年月日を組み合わせたデータである。本文データ同様、事項の一語一語が検索対象となる。
④画像（動画・音声等）データ
　自治体史掲載資料に関するデータである。画像は高精細ビューアで公開することで、拡大して詳細に閲覧することができる。画像のほか、動画や音声データなども搭載可能である。

　これらのデータは定型のフォーマットでデータベース化している。上記は自治体史を参考に説明したが、ADEACでは自治体史関連以外の様々な形態の資料も公開しており、近年はボーンデジタル資料も増加傾向にある。そのような資料も、①〜④の基礎データのフォーマットで搭載している。
　①、②、③は横断検索が可能である。この横断検索機能が、ADEACの最大の特徴である。目録データのみの検索ではなく「目録データ、本文テキストデータおよび年表データ等を対象とする横断検索」と、ひとつの機関内の検索だけでなく「ADEAC利用機関が公開するすべての資料のデータを対象とする横断検索」が可能である。横断検索から資料閲覧までの流れを示すと図2のとおりである。

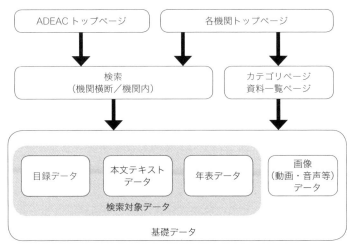

図2　ADEACの資料検索・閲覧の流れ

　横断検索の例として、ADEAC利用機関全体を対象に、「東京オリンピック」というキーワードで検索してみる。すると、13件の目録データ、82件の本文テキストデータ、27件の年表データにヒットする(2021年3月27日現在)。目録データでは1964年の東京オリンピック聖火通過の写真(玉野市立図書館・中央公民館／玉野市デジタルアーカイブ)[7]や、同じく東京オリンピックを記念した藤沢市役所のマッチ箱(寒川文書館／三枝惣治氏マッチラベルコレクション)[8]がヒットする。本文テキストデータでは、『新札幌市史』(札幌市中央図書館／新札幌市史デジタルアーカイブ)[9]などがヒットし、札幌オリンピック招致運動における東京オリンピックの影響などが分かる。年表データからは聖火リレーが1964年9月15日に函館、同19日には下松市で行われたことが判明する(函館市／函館市地域史料アーカイブ[10]、下松市／郷土資料・文化遺産デジタルアーカイブ[11])。

　目録を機関横断的に検索できるポータルサイトは多いが、ADEACでは本文テキストデータや年表データも検索対象とすることで、情報収集の効率化・網羅性の向上と、思わぬ情報との出会いを促進するシステムになっている。

2-3 外部システムとの連携と標準化への対応

ADEACは、2018年に国立国会図書館の「NDLサーチ」との連携をスタートしており、2019年にNDLサーチを通じて「ジャパンサーチ」[12]の連携データベースとなった。また、同年には、EBSCO社[13]の「EBSCO Discovery Service」とも連携を開始した。これらにより、ADEAC利用機関が公開している資料の目録データは、「ジャパンサーチ」や「EBSCO Discovery Service」の検索にもヒットすることとなった。

そのほか、IIIF[14]ビューアの導入や、クリエイティブ・コモンズ・ライセンス[15]の表示、DOI[16]の付与など、世界的な標準機能や規準への対応も推進している。それぞれの対応には検討課題があり画一的に導入するのは難しいが、ADEAC利用機関とともに考えながら運用を進めている。

3 自治体史の公開事例

ADEACをプラットフォームとしてデジタルアーカイブを構築し、自治体史をはじめとする郷土資料・歴史資料を公開している機関の一部を紹介する。

自治体史とは、各自治体がその地域の歴史について、資料を基に編さんした(基本的には)書物である。その役割を一言で表すのは難しいが、その地域の歴史や築き上げてきた文化を、現在と未来に繋げていくものであると言える。構成は自治体によって様々であるが、時代を追って歴史を記述した「通史編」と、その根拠となった資料をまとめた「資料編」からなる場合が多い。これらに加え、「地図編」、「民俗編」といった巻が制作されることもある。また、年表や索引を巻末に附す場合や、別途「年表・索引編」を設ける場合もある。自治体史をデジタル化し公開しているADEAC利用機関の数は2021年3月27日現在で34である。この中には、本文をフルテキスト化している機関と、目次のみをテキスト化し、そこから本文ページの画像へリンクさせることで本文を読めるようにしている機関がある。

このうち、弘前市と宮代町、浜松市を例に、波及的活用を紹介する。いず

れも無料で一般公開されているため、ぜひ実際にアクセスのうえご覧いただきたい。

3-1　青森県　弘前市立弘前図書館「おくゆかしき津軽の古典籍」（2018年公開）[17]（図3）

『新編弘前市史』の『通史編』5巻、近世までの『資料編』4巻、『年表・索引編』をフルテキスト化し、公開している。これにより、年表を含む市史の本文を対象とした検索・閲覧が可能である。また、『通史編』、『資料編』に掲載されている資料のうち、重要な資料の撮影を改めて行い、高精細画像ビューアで公開している。このビューアと、自治体史本文テキストページをリンクさせることにより、刊本には小さな白黒画像で掲載されている資料を、高精

図3　「おくゆかしき津軽の古典籍」トップページ

細で詳細に閲覧することができるようになっている。

　絵図や文書などの資料一覧や目録データから、その資料を引用している市史の本文テキストページを開くこともできる。また、『年表・索引編』をテキスト化して作成した年表画面では、年表事項に関連する『通史編』の本文テキストページへのリンクも設けている。郷土にゆかりのある文人の直筆資料と、その文人が登場する自治体史本文ページをリンクさせた文学館のコンテンツも特徴的である。資料を見せるだけでなく、関心を広げ、知識を深めるための工夫である。

　弘前大学と連携し、研究者によって執筆された資料の詳細な解題も、このデジタルアーカイブに厚みを持たせている重要な要素である。

3-2　埼玉県　宮代町立図書館「宮代町デジタル郷土資料」[18]（2017年公開）（図4）

　宮代町郷土資料館とのML連携事業として、国指定重要文化財や遺跡出土品、近世の貴重書などを公開するとともに、『宮代町史』の『通史編』、『民俗編』、『ビジュアル版』をフルテキスト化して公開している。

　町史に掲載されている文化財のうち、主なものは高精細撮影を行い、時代ごとに整理して公開するとともに、本文テキストから画像ビューアへリンクし閲覧できるようにしている。

　町史の引用資料の見せ方にも工夫がある。例えば、文書系の資料は、ビューア上で資料の文字に翻刻文を重ねたり、並べたりして読めるよう加工している（図5）。これには、町史制作の際に翻刻を行ったテキストデータを活用している。本文の崩し字がビューア上で読めるようになるだけでなく、テキストデータとして搭載することで本文が検索にヒットするという利点もある。

　また、町史は国際的な場でも活用された。『民俗編』に出産に関する記述があり、「産婆」について、往診や助産に使ったかばんの画像とともに説明されている。この部分が、ドイツで行われた産科や助産師などの研修会において

図4 「宮代町デジタル郷土資料」トップページ

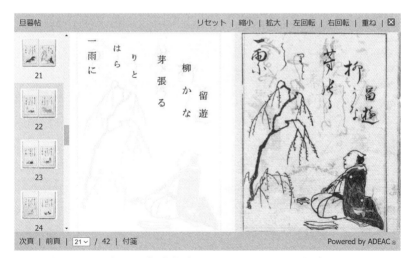

図5 翻刻文を並べて表示した「旦暮帖」(1836年、宮代町郷土資料館蔵)

「日本の助産の現状とその歴史」という発表に引用された。町史を検索可能な
形で公開したことによる成果と言えよう。

　さらに、町指定文化財などの高精細画像の公開においては、スイスにある
大学の研究者が行っている東洋絵画研究の素材として活用が試みられた。詳
細調査の機会が限られる絵画資料において、全体から細部にわたるまで、そ
して、必要なタイミングで必要な個所を瞬時に見ることができるという、デ
ジタルデータならではのメリットが発揮された事例である。

3-3　静岡県　浜松市立中央図書館「浜松市文化遺産デジタルアーカイ
　　　ブ」[19]（2014年公開）（図6）

　2014年に、徳川十六将図、絵図、災害関係、浮世絵などの歴史資料を公
開し、続いて、2015年から2年かけて『浜松市史』5巻をフルテキスト化し公
開した。特に最新巻である第5巻は、刊本の発売と同時の公開であった。そ

図6　「浜松市文化遺産デジタルアーカイブ」トップページ

のほかの資料も、市内の寺院や市立博物館が所蔵する文書や立体資料など多岐にわたる。2017年に浜松市がNHK大河ドラマ「おんな城主　直虎」の舞台になったこともあり、検索・閲覧のアクセス数が飛躍的に伸びた。2019年には区振興課の事業として、かつて公民館単位で制作された地域誌を「わが町文化誌」というコンテンツとして公開した。

　こちらのデジタルアーカイブでは、これらの資料を効果的かつ効率的に検索するため、索引語を活用する機能を搭載している。あらかじめ定めた索引語をデータベースに登録しておくと、フルテキスト内に現れる索引語と同一の語が青字表記され、同アーカイブ内の目録データ・本文テキストデータ・年表データを横断検索する仕組みである。例えば、本サイトで浜松市史を読み、「日本楽器製造」というキーワードに関心を持った閲覧者がそのキーワードをクリックすると、浜松市史内の別の記述部分（46ヶ所）のほかにも、昭和初期の工場の写真や、中部公民館による『浜松中心街の今昔』といった別の資料にヒットし、多角的に日本楽器製造の歴史を知ることができる。デジタルアーカイブを用いて自治体の歴史辞書を作り上げていると言えるだろう。

4　新しい自治体史編さんの取り組み——東京都豊島区の事例

　前節では、既刊の自治体史をフルテキスト化し、効果的に公開している事例を紹介した。一方で、デジタルアーカイブを活用した新たな自治体史編さんに取り組んでいる自治体がある。東京都豊島区である。

　豊島区は2022年に区制施行90周年を迎えるにあたり、新たな豊島区史の編さんを進めている。同区では、原始から昭和末までの区の歴史を編さんした『豊島区史』（『通史編』4冊、『資料編』6冊、『年表編』2冊、『地図編』2冊）を、1974年から1992年にかけて刊行した。これらの成果を引き継ぎながら、「ICTを活用し、時代に即した新たな区史」の完成を目指す、平成の豊島区史編さん準備が2017年にスタートした[20]。

　「豊島区史編さん基本方針」[21]は、下記のとおりである。特に特徴的であ

る部分に下線を引いた。

基本方針

(1)既刊区史における通史編・資料編・年表編の資料構成を継承する。た
だし、区史及び区史関連資料へのアクセスのしやすさ、さらに事業継
承に向けた情報更新の利便性・効率性の観点から、<u>従来の刊本形式に
よらず、「WEB版区史」としての公開を基本とする。</u>

(2)WEB版の特徴を活かし、<u>各資料をデータベース化し、検索性を高める
とともに、資料の加除修正が随時行えるアーカイブの仕組みを構築す
る。</u>また、従来の紙媒体資料に限定せず、<u>写真・映像等の画像資料も
アーカイブの対象とする。</u>

(3)<u>区民の共有財産である区史</u>に対する区民の理解・関心を高めるため、
区民により身近な地域の歴史に目を向けるとともに、<u>区史編さん事業
への区民参加を推進する。</u>

(4)区制施行100周年に向け、<u>基礎資料の継続的な更新の仕組みを築く</u>と
ともに、歴史的公文書所管や郷土資料館、その他関連機関との連携も
視野に入れ、<u>拡張性・汎用性の高いアーカイブの構築をめざす。</u>

初年度は(2)(4)の実現に向け、基礎資料の収集・整理と、それらを活用で
きるよう検索・閲覧が可能なデータベースをADEACをプラットフォームと
して構築することから始めた。刊本でいうところの『資料編』をデジタルアー
カイブで制作していったというイメージである。続いて、基礎資料を基にし
た平成期の年表の作成に取り掛かり、同時進行で既刊の豊島区史の刊本画像
のデジタル化、目次と年表のテキスト化を進めた。
　一方で、(3)にあるように、区民にとって面白い、区民参加型の区史編さ

んとすべく、新しいコンテンツの制作も行った。

　これらをまとめ、区史編さんデジタルアーカイブとして2018年7月に公開したのが、「としまひすとりぃ」[22]である（図7）。

　本デジタルアーカイブのコンテンツは、「基本データ」「区民の視点からみた豊島区の歴史」「行政の視点からみた豊島区の歴史」の3つに整理することができる。以下、それぞれについて説明する。

図7　「としまひすとりぃ」トップページ

4-1　基本データ

①「資料アーカイブ」《PDFコンテンツ》

　先で触れた、基礎資料のデータベース（いわば『資料編』）の入り口である。基礎資料の収集対象は、区議会会議録、プレスリリース、計画・白書・報告書など多岐にわたる。これらの資料はテーマとサブテーマで分類され（表2）、サブテーマをクリックすることで、同じサブテーマが振られた資料を一覧表示する仕組みとしている。資料本文はPDFで閲覧可能である。一例を挙げると、区議会会議録は、議事録のみでなく会議資料と併せて公開しており、どのような過程を経て政策決定に至ったのかを知ることができる資料である。

②「平成くろのろじぃ」《年表コンテンツ》

　区政の動きから地域の話題までを、広報資料でたどる豊島区の平成年表である。基礎資料のうち、プレスリリースや「広報としま」の記事を主な典拠資料としている。ADEACの年表データの処理機能を使い、「文化」「安全」「まちづくり」などのジャンルを設定することで、そのジャンルに絞った年表を表示することもできる。また、年表事項からその事項の典拠となる基礎資料へのリンクを設けている。

表2　「としまひすとりぃ」資料アーカイブ：テーマとサブテーマ一覧

テーマ	サブテーマ（順次追加予定）
基礎資料	招集あいさつ／広報／プレスリリース（年別）／記者会見資料／広報としま／広報映像／統計／としま政策データブック／意識調査／議会／区議会年報／区議会会議録／選挙／選挙の記録／地図資料／区政概要／周年事業／区史編さん事業
自治・協働	自治の推進に関する基本条例／自治推進委員会／協働推進／公民連携／地域活動／地域区民ひろば／区民集会室／法規／特別区制度／都区制度改革／地方分権／新税構想／国家戦略特区
計画・財政	基本構想・基本計画／基本構想審議会／実施計画／未来戦略推進プラン／行財政改革／人口／人口ビジョン・地方創生総合戦略／消滅可能性・持続発展都市対策／財政／財政白書／財務諸表／財政指標／都区財政調整制度／予算／予算の概要／予算編成方針／予算案重点事業／新規・拡充事業／決算／主要な施策の成果報告／決算の概要／会計／契約／税／収納対策／補助金／監査
行政経営	行政経営／行政経営白書／指定管理者制度／民営化／民間委託／行政評価／行政サービス／マイナンバー制度／手数料／情報化推進／行政情報／公文書管理／情報公開／個人情報保護／組織・人事／人事白書／組織改正／職員定数／内部統制／ミス・不祥事／外郭団体

テーマ	サブテーマ（順次追加予定）
平和・人権	平和／非核都市宣言／人権／虐待と暴力のないまちづくり／男女共同参画／男女共同参画都市宣言／男女共同参画推進プラン／男女共同参画意識調査／女性にやさしいまちづくり／としま F1 会議／ワーク・ライフ・バランス／多様性の尊重／多文化共生
福祉・健康	福祉政策／地域保健福祉計画／豊島区の社会福祉／福祉基盤整備／特別養護老人ホーム／高齢者福祉／高齢社会対策／介護予防・認知症対策／介護保険／選択的介護／障害者福祉／生活福祉／社会保障制度／高齢者医療／保健衛生・健康／健康プラン／豊島区の保健衛生／保健所／健康診査センター／母子保健／精神保健／歯科保健／がん対策／生活習慣病対策／感染症対策／予防接種／生活衛生／食品衛生／地域医療
子ども・教育	子ども・子育て／子どもプラン／子ども・若者計画／子ども・子育て調査報告／子どもの権利／子どもの権利条例／児童相談所／子ども家庭支援センター／児童虐待／子どもの貧困対策／保育施設／保育施設／待機児童対策／児童館・学童保育／子どもスキップ／中高生センタージャンプ／教育行政／教育委員会／教育ビジョン／学校／学校適正化／学校改築／学校施設／セーフスクール／学習指導／学力／大学連携
文化	文化政策／文化施設／文化財／文化資源／伝統工芸／郷土資料館／文化イベント／国際アート・カルチャー都市構想／東アジア文化都市／オリンピック・パラリンピック／マンガ・アニメ／トキワ荘／トキワ荘マンガミュージアム／観光政策／都市間交流／生涯学習／生涯スポーツ／図書館
安全・安心	セーフコミュニティ／年間活動レポート／危機管理／治安・環境浄化／消防／事件・事故／オウム真理教対策／場外車券売場問題／危険ドラッグ対策／防災・震災対策／防災協定／防災訓練／帰宅困難者対策／東日本大震災／地震災害／風水害／防災まちづくり／震災復興／木密地域不燃化事業
環境	環境政策／環境報告書／エコアクション 21／環境問題／地球温暖化対策／電力・エネルギー／放射線／清掃事業／リサイクル・清掃審議会／清掃事務移管／ごみ・廃棄物／資源回収／地域清掃／受動喫煙対策／緑化／公園／南長崎スポーツ公園／南池袋公園／池袋西口公園／中池袋公園／公衆トイレ
産業	産業振興／産業振興指針／企業・事業所統計／中小企業支援／としま産業振興プラザ(勤労福祉会館)／生活産業プラザ／ビジネスサポートセンター／商店街振興／消費生活／雇用・就労／通信／新東京タワー誘致／放送／ケーブルテレビ
都市整備	都市づくりビジョン（都市マス）／豊島区の街づくり／都市計画・再開発／地区計画／用途地域・土地利用／アメニティ・景観／大塚駅周辺整備／目白駅周辺整備／椎名町駅周辺整備／東長崎駅周辺整備／住宅政策／空き家対策／公営住宅／マンション対策／民間開発／癌研究会附属病院跡地
庁舎整備・活用	新庁舎整備／新庁舎整備（旧計画）／庁舎跡地活用／Hareza 池袋／芸術文化劇場／区民センター
副都心再生	池袋副都心整備方針・計画／池袋駅周辺地域まちづくり／池袋副都心グランドビジョン／東池袋 1 丁目地区市街地再開発／東池袋 4・5 丁目地区市街地再開発／造幣局東京支局跡地／南池袋地区／南池袋 2 丁目地区市街地再開発／池袋駅西口地区市街地再開発／東西デッキ／グリーン大通り／LRT 構想／電気バス／地域冷暖房
道路・交通	道路整備／橋梁／水道／無電柱化／都市計画道路／環状 4 号線／環状 5 の 1 号線／環状 6 号線／補助 73 号線／補助 81 号線／補助 172 号線／補助 173 号線／都市高速道路／中央環状新宿線／鉄道／JR／地下鉄（都市高速鉄道）／私鉄／都電／踏切／自転車対策／自転車等の利用と駐輪に関する総合計画／自転車駐車場／再生自転車海外譲与（ムコーバ）／自動車／路線バス・地域バス／航空／交通安全
施設整備・再構築	公共施設の再構築／区有財産の活用／公共施設等総合管理計画／公共施設整備計画／施設白書／公共施設の概要／使用料・占用料／施設整備／西部地域複合施設／南池袋福祉基盤整備／千川小学校跡地／高田小学校跡地／第十中学校跡地／朝日中学校跡地／長崎健康相談所／区外施設／竹岡健康学園

4-2　区民の視点からみた豊島区の歴史

①「わが街ひすとりぃ」《映像コンテンツ》

区内を20の地区に分け、昭和から平成にかけてのまちの変遷について、ゆかりのある区民が語る映像を公開している。実際にまちを歩きながら撮影した「現地ロケ編」と、区のローカル放送局である「としまテレビ（豊島ケーブルネットワーク）」の番組内でインタビューを行った「番組インタビュー編」からなる。「現地ロケ編」は、その内容が検索にもヒットするようロケ映像の音声を文字起こしし、テキストデータとしても搭載している。

②「ひと×街 ひすとりぃ」《Web記事コンテンツ》

豊島区で生活し、様々な分野で活動してこられた女性たちに、区民の記者がインタビューを行い、記事化したコンテンツである。こちらは、「わが街ひすとりぃ」とは異なり、地域にはこだわらず「障がい者支援」「郷土史・地域文化研究」など、それぞれのテーマで活動している区民の方々へのインタビューである。

4-3　行政の視点からみた豊島区の歴史

①「平成とぴっくす」《Web記事コンテンツ》

「新庁舎完成までの歩み」「東日本大震災〜豊島区が大揺れに揺れた一日〜」など、平成期に豊島区が行った取り組みや社会的な出来事に対する対応について、当時の担当であった区役所職員OBが記事を執筆しレポートしている。

②「平成ぐらふぃっくす」《映像コンテンツ》

昭和後期から平成期にかけて、豊島区が制作した広報映像をデジタル化し公開している。まちの様子や区民の生活の変化を当時の映像で知ることができる。

③既刊『豊島区史』《刊本ビューアコンテンツ》

　既刊の豊島区史のうち、通史編と資料編を刊本ビューアで公開している。目次をテキスト化し、検索対象としている。目次から該当ページへのリンクを貼り、読みたい個所へ遷移する作りとしている。

　コンテンツは徐々に増え、充実したデジタルアーカイブが構築されてきた。これらのコンテンツを相互にリンクさせ、閲覧者の関心を繋げながら様々なページに誘導し、ただ見る・読むだけではない興味や知識の広がりを大事にしたデジタルアーカイブを目指している。特に、区民参加型の「わが街ひすとりぃ」「ひと×街 ひすとりぃ」は、それ自体が区民の語る地域史であるとともに、基礎資料や既刊区史といった資料への導入的役割を果たしつつある。

　基礎資料をはじめとする各資料の目録データには、豊島区広報課の区史編さん担当者がキーワードを付与している。資料すべてをフルテキスト化することは難しい（経費の問題と、そもそもテキスト化に向かない資料がある）が、キーワードは検索した際に関連資料を網羅的に集めるために有用である。しかし、このキーワード付与および管理は、図書館で言う「件名標目表」を作り上げていくようなもので、特に骨の折れる作業である。新しいキーワードが次々と必要になったり、キーワードとしていた用語の名称自体が変わったりするなど、一筋縄ではいかない。今後に向けては、この作業を何らかの形で効率化できる手法の検討が必要となりそうである。

　今後、いよいよ通史編（平成期）の執筆に進むこととなる。執筆には、これらの資料やコンテンツが典拠資料として、また本デジタルアーカイブが典拠資料を検索・閲覧するツールとして活躍することと期待している。通史編を公開する際には、通史編と上記コンテンツを結びつけながら多くの区民に活用されるデジタルアーカイブを構築していく計画である。

5 これからの自治体史編さん事業の進め方

　従来、自治体では、何十年に一度という周期で自治体史が編さんされてきた。その中で発生する課題には、以下のようなものが挙げられるだろう。

　・編さんのために収集した膨大な資料を、どのように保存・管理し自治体史の執筆者や監修者に提供するか
　・編さんのために収集した膨大な資料を、どのように市民に還元するか
　・自治体史編さん事業への関心をどのように高め、編さん後も市民に愛され、活用される自治体史とするか
　・編さん中も日々作成される行政資料を、どのように保存・管理し、次回の自治体史編さんに備えるか

　そこで、「デジタルアーカイブを活用した自治体史編さん事業の推進方法」を提案したい。ポイントは以下の4点に集約される。

　①執筆・編さんの効率化
　根幹となる地域資料をデジタル化してデータベースを作成する。また、それらの資料を基に、年表の作成と既刊自治体史の本文テキスト化を行う。これにより、必要な資料を網羅的に検索でき、執筆者や監修者が資料を所蔵する機関に度々出向くことなく効率的に執筆・編さんを進めることができる。

　②編さん資料の市民への提供
　①のデータベースや年表、既刊自治体史をデジタルアーカイブとして公開する。これにより、地域の貴重な資料を市民が閲覧することが可能となり、市民への資料提供・情報公開に繋がる。

③編さん事業への市民参加

　市民参加型のコンテンツを制作する。これにより、市民目線の地域史を記録するとともに、自治体史への関心を高め、門戸を広げることができる。

④持続可能な編さん事業

　①〜③を日々行う。これにより、「次回の自治体史編さんに備える」のではなく、常に更新され続ける、持続可能な自治体史編さん事業が実現する。

　資料収集から編さん、Web公開までの一連の流れを図示すると、図8のとおりである（①〜④は上記に対応する）。

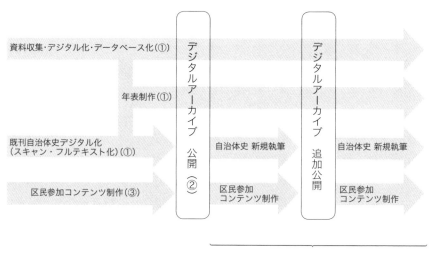

図8　資料収集から自治体史編さんまでのイメージ

　この中で特に重要なのは、自治体で保存されてきた資料と、今後も日々作成される資料を効率的に整理・管理し、必要な時に参照できる仕組みを、デジタルアーカイブを用いて構築することであると考える。例えば豊島区では、平成の30年間をまとめるべく、原則として平成期の資料を収集し公開して

いる。しかし、搭載すべき資料は新元号となった今後も増え続ける。これらを定期的に収集・公開していくという仕組みづくりが必要となる。それが令和の区史編さんの土台となる。

また、Webの特性を活かすと、一度公開した自治体史本文や年表を更新することも可能である。その際の更新履歴をどのように残すか、という点も重要であり、デジタルコンテンツの目録作成という観点からも、今後検討が必須である。

豊島区では、事業を進める中で、このたびの区史編さんと「としまひすとりぃ」におけるコンセプトが固まっていった。それが「まちの歴史を知ると、このまちがもっと好きになる。」である。区の担当者は、区民が区史編さんに携わったり、「としまひすとりぃ」を閲覧したりすることによって、自分の家に感じる「わが家」の意識が「わが街」まで広がること、つまり、自分の住む地域を自分の家のように大事に思う気持ちが醸成されることを期待しているという。

豊島区は2014年に「日本創成会議」が発表した全国自治体の将来推計人口により、東京23区で唯一、2040年に20～39歳の若年女性が半減し、人口を維持することができない「消滅可能性都市」と指定された[23]。それを受け、行政も、区民も、持続発展都市を目指す様々な取り組みを行ってきた。これは筆者の考えであり希望であるが、デジタルアーカイブによる豊島区史の編さんは、区民が「まちの歴史を知ってこのまちをもっと好きに」なり、豊島区の定住率を高めるという側面から、豊島区の発展への一助にもなり得るのではないだろうか。

デジタルアーカイブを用いて自治体史を編さんし、様々な地域資料とともに公開することによって、その自治体の課題解決に繋げる。今後も、その可能性を追求し、取り組んでいきたい。

6　おわりに

　自治体史のデジタル化・公開システムとして、主に公共図書館を顧客としてスタートしたADEACも2021年で10年目を迎え、徐々に変化を遂げてきている。本章では、ADEACの機能の原点に立ち戻り、自治体史および関連資料のデジタル化・公開と、デジタルアーカイブの自治体史編さん事業への活用に絞って論じた。一方で、自治体史以外の資料を公開する自治体・機関も増加しており、それぞれ興味を掻き立てられるデジタルアーカイブであるため、別の機会にはぜひ紹介したい。

　ADEACとしての大きな課題は、自治体がそれぞれの目的に合わせて制作・公開したデジタルアーカイブに対し、その目的の実現のための利活用方法にまで踏み込んで提案し、携わっていくことである。「デジタルアーカイブは目的ではなく手段である」ということを改めて認識し、デジタルアーカイブと市民および世界中の人々を、広く効果的に繋ぐ方法を考えていきたい。

　また、本章執筆中には新型コロナウイルス感染症の流行が始まった。外出自粛が要請される中でデジタルアーカイブの重要性や在りかたが問われ、自治体がデジタルアーカイブに取り組むことについて改めて考える機会となった。本章で取り上げた事例のように、デジタルアーカイブでは、自由なキーワードで検索し様々な資料に出会うことができる。実物の閲覧が難しい資料の詳細な画像(や映像)を世界のどこからでも閲覧することができる。関連する複数の資料や情報を、リンクをたどりながら閲覧することができる。自由な移動や施設での資料閲覧がままならない非常時のみならず、平常時でもこのような機会や環境を提供し、市民や世界中の人々の知的好奇心や調査・研究意欲に応え続けることが、自治体がデジタルアーカイブに取組む意義ではないだろうか。そして、市民と、世界中の人々の好奇心や調査・研究が、その自治体へのさらなる郷土愛や興味・関心を生み、ひいてはその地域の発展に繋がっていくものと期待している。

謝辞　自治体史の公開事例の記述において、弘前市立弘前図書館、宮代町郷土資料館の横内美穂様、浜松市立中央図書館、豊島区広報課の矢作豊子様・阿部治子様に、内容の確認・修正・追記等のご協力をいただきました。ここに記して感謝申し上げます。

注

1)　A System of Digitalization and Exhibition for Archive Collections の略。

2)　デジタルアーカイブシステム ADEAC（https://trc-adeac.trc.co.jp/）

3)　石川徹也・梅田千尋（2013）「2010年度-2012年度　東京大学史料編纂所社会連携研究部門　研究成果報告書」『東京大学史料編纂所研究成果報告2012-3』.

4)　田山健二・石川徹也（2014）「TRC-ADEAC（アデアック）の挑戦」『DHjp1　新しい知の創造』, 40-43.

5)　公開機関一覧は ADEAC 全公開機関一覧で確認できる（https://trc-adeac.trc.co.jp/WJ11J0/WJJS39U?）（最終アクセス：2021年3月27日）

6)　Webページ1画面を1件とカウントしている。

7)　玉野市立図書館・中央公民館「玉野市デジタルアーカイブ」（https://trc-adeac.trc.co.jp/WJ11C0/WJJS02U/3320415100）（最終アクセス：2021年3月27日）

8)　寒川文書館「三枝惣治氏マッチラベルコレクション」（https://trc-adeac.trc.co.jp/WJ11C0/WJJS02U/1432135100）（最終アクセス：2021年3月27日）

9)　札幌市中央図書館「新札幌市史デジタルアーカイブ」（https://trc-adeac.trc.co.jp/WJ11C0/WJJS02U/0110005100）（最終アクセス：2021年3月27日）

10)　函館市「函館市地域史料アーカイブ」（https://trc-adeac.trc.co.jp/WJ11C0/WJJS02U/0120205100）（最終アクセス；2021年3月27日）

11)　下松市「郷土資料・文化遺産デジタルアーカイブ」（https://trc-adeac.trc.co.jp/WJ11C0/WJJS02U/3520705100）（最終アクセス：2021年3月27日）

12)　内閣府による、国の分野横断統合ポータルのこと。ジャパンサーチ（https://jpsearch.go.jp/）（最終アクセス：2021年3月27日）

13)　EBSCO社（http://www.ebsco.co.jp/（本社 https://www.ebsco.com/））（最終アクセス：2021年3月27日）

14)　International Image Interoperability Framework の略。デジタルアーカイブに収録されている画像を中心とするデジタル化資料を相互運用かつアクセス可能とするための国際的な枠組みのこと（国立国会図書館デジタルコレクション「IIIF に関するヘル

プ」(https://dl.ndl.go.jp/ja/help_iiif.html)(最終アクセス：2021年3月27日))。

15)　インターネット時代のための新しい著作権ルールで、作品を公開する作者が「この条件を守れば私の作品を自由に使って構いません。」という意思表示をするためのツールのこと(クリエイティブ・コモンズ・ジャパン「クリエイティブ・コモンズ・ライセンスとは」(https://creativecommons.jp/licenses/)(最終アクセス：2021年3月27日))。

16)　Digital Object Identifier の略。コンテンツの電子データに付与される国際的な識別子のこと(国立国会図書館「国立国会図書館による DOI 付与」(https://www.ndl.go.jp/jp/dlib/cooperation/doi.html)(最終アクセス：2021年3月27日))。

17)　弘前市立弘前図書館「おくゆかしき津軽の古典籍」(https://trc-adeac.trc.co.jp/WJ11C0/WJJS02U/0220205100)(最終アクセス：2021年3月27日)

18)　宮代町立図書館「宮代町デジタル郷土資料」(https://trc-adeac.trc.co.jp/WJ11C0/WJJS02U/1144205100)(最終アクセス：2021年3月27日)

19)　浜松市立中央図書館「浜松市文化遺産デジタルアーカイブ」(https://trc-adeac.trc.co.jp/WJ11C0/WJJS02U/2213005100)(最終アクセス：2021年3月27日)

20)　この区史編さん準備支援業務および編さん支援業務を、TRC が受託している。

21)　としまひすとりい「区史編さん基本方針」(https://trc-adeac.trc.co.jp/Html/Usr/ 1311605100/topg/hensan.html)(最終アクセス：2021年3月27日)

22)　豊島区「としまひすとりい」(https://trc-adeac.trc.co.jp/Html/Usr/1311605100)(最終アクセス：2021年3月27日)

23)　豊島区公式ホームページ(https://www.city.toshima.lg.jp/)(最終アクセス：2021年3月27日)

第10章
映像保存の現在地とこれから

変わりゆくデジタル化技術・長期保存メディア・制度を見つめて

藤原理子

1 映像はどのように守られてきたのか

　映画が生まれて120年、映像は見るものから守るもの、そしてふたたび見るものとなった。映画が生まれたとき、映画は自分が守られる対象になると思っていただろうか。

　筆者はフィルムの現像所（以下ラボ）で視聴覚資料の物理的な長期保存、デジタル化、デジタルデータの長期保存について業務を行っているコーディネーターである。その目線から、この節では主に映画フィルムと、そのデジタル化およびデジタル化されたデータの保管について論じていく。

1-1 映画フィルムはどのように生まれ、失われたのか

　映像の歴史のほとんどは、映画フィルムが占めている。

　フィルムは呼吸し続けている。呼吸し続けている故、老いていく。劣化のスピードはその原材料の性質と保管環境に依る。1899年ごろより実用化がされた35mmフィルムは非常に燃えやすい硝酸セルロースという材質でできていた。そのため、1950年代から35mmフィルムで使われ始めた、燃えにくい酢酸セルロースでできたフィルムにコピーされ、オリジナルは危険ということで廃棄された[1]。この燃えづらいフィルムは完璧なように見えたが、欠

点があった。適切な温湿度管理下でなければ、自身から発生する酢酸による自触媒作用で溶けてしまい、フィルムの映像と音声が失われてしまうのだ。この現象をビネガーシンドロームと呼ぶ(図1、図2)。1970年代から80年代にかけて、この症状が大きな問題になり始めた[1]。1990年代以降には、ポリエチレンテレフタレートをフィルムベースに使用したフィルムが、劇場上映用のフィルムとして主に使われるようになっている。1950年代に、酢酸セルロースよりも強度や安定性の高いフィルムを目指して開発が進められた、耐久性の強いこのフィルムにはビネガーシンドロームの心配もない[2]。

　一方で、適切に保管されたフィルムは数百年の寿命を持つ。国立映画アーカイブには、『小林富次郎葬儀』(1910年)や『紅葉狩』(撮影は1899年、製造年が確定できる最古の素材は1927年)など、110年前のフィルムも保管されており、画像は今でも十分に内容を見ることができる。

図1、図2　ビネガーシンドロームが進行し、溶解や変形が極度に進行している例

1-2　磁気テープは永遠の命を持っているか

　1960年代には映像をより広く・早く伝えるために、都度コピーが必要で、撮影から配布まで時間がかかり、重量もかさむフィルムにかわり、磁気ビデオテープが生み出された。120年以上フォーマットがかわらないフィルムに比べ、ビデオテープの変化は大変早く、たった30年前につくられた番組でもデッキがなく視聴がかなわない、ということがよくある。一番新しい規格の磁気テープであるHDCAM-SRの保守も、2023年度にて終了する予定である。テープ自体の寿命は数十年といわれているものでも、対応するデッキが

なければ見ることができない。一度デジタルになったものはすべて、定期的に新しいメディアにコピーするマイグレーション、ハードウェアやソフトウェアを変更しても読み出し可能にするエミュレーションなど、時代に合わせた変換の必要が付いて回る。

2　映像をどのように守っていくのか

　こう書いていくと、長期保存を目指すにはフィルムで保存し続けるほうが良いように思えるが、活用を視野に入れるとフィルムだけを所持していても多くの劇場では上映する設備がもう存在しないため、その映像は見ることができない。映像の活用にはいつでもデジタル化が付いて回るが、ひとことにデジタルリマスターといっても、その内容は多岐にわたる。本項ではそのリマスター化の内容について記述していく。

2-1　フィルムのデジタルリマスターにおける修復倫理を考える

　フィルムの素材はテープからのデジタイズのように、簡単にコピーするというわけにはいかない。どのような工程を踏んでリマスター化を行っているのだろうか。

　デジタルリマスターの最初の工程はフィルムの出自を調べることである。誰が何のためにどうやってつくったフィルムなのかということを調べていくと、どのフィルムを素材とすべきか、ということがわかってくる。一般的には、フィルムは世代が古い物の方が、画質がすぐれているが、一概に古い物が必ずしも正しいとはいえない。公開後何らかの理由で意図的に編集が変えられていたり、バージョン違いがあったりと、目的により後の世代のフィルム上で作り替えられている可能性があるので、何をリマスター化したいのかを決定するためにも、持ち得る素材はすべて集め、比較をしながら作業対象物を決めていくことが重要である。

　作業対象のフィルムが決まったら、フィルム専用のスキャナーでスキャン

を行う。この工程において、使用されているフィルムの特性を見極めず、ただ単純にスキャンをしてしまうと、フィルムそのものが持っていた情報を損なってしまう可能性がある。反対に、適切にスキャンが行われたネガ原版フィルムのデータは、当時劇場で見られていたポジフィルムよりも世代が前のものになるため、画質としてはよりシャープで色味やコントラストの情報も多く持つことができる。例えば高解像度のスキャン画像では、従来ではつぶれてしまっていた着物の繊維感や映り込んでいる看板等の情報、背景に小さく映っている人の表情などが見えてくることもある。色味に関しても、撮影ネガはポジフィルムよりもポテンシャルを多く持っているため、表現できる色の範囲も広い、つまり、デジタルでは当時劇場で人々が見ていたよりもより鮮やかな色味の表現が可能になる。適切な基準でスキャンを行うことで、のちの色味の調整の工程にて、より多くの試みや、豊かな色彩、微細な表現の再現を行うことが可能になるのである。

　その次に続く工程はデジタル上でフィルムについた傷やゴミを取り除く作業である。フィルムについた傷、撮影時に意図とは異なり残ったヒゲと呼ばれる糸クズの映り込みや機材の映り込みを取り除いていく作業がこれにあたるが、この工程において何を取り除いて何を残すのかという判断は非常に難しい(図3、図4)。

図3　フィルムをスキャンしたオリジナルの状態(「夢みるように眠りたい」林海象(C)KAIZO HAYASHI 1986/2019)

図4　フィルム上のゴミやキズをデジタルの処理で取り除いた状態(「夢みるように眠りたい」林海象(C)KAIZO HAYASHI 1986/2019)

デジタルリマスターのゴールを「公開当時の見た目を再現する」ということにおくと、撮影時になかったゴミや傷、経年劣化によって起こったカビやシミは取り除くが、ヒゲや機材の映り込みは残すということになる。見た目上違和感のないところをゴールにすると、そういった撮影時のごみやヒゲは取り除くことになる。粒状性と呼ばれるフィルムそのものの持つざらつき（フィルムグレイン）は、デジタルの画像を見慣れた人からすると、ノイズにもなりえる。もちろんデジタル上でそういったグレインを取り除くことはできるが、それはフィルムそのものがもともと持っている手触りなのだ。デジタル修復の際にどこまでを再現と見ていくのが正解なのだろうか。

　音に関しても同様の議論が起こる。映画をフィルムでしか見ることのできなかった時代は、映画館などスクリーンに投影する視聴環境しか存在しえなかった。現在は映画館の設備も変わり、ブルーレイなど家庭用の視聴用メディアの出現もあり、多様な環境での視聴が可能となっている。視聴環境が変わると、気になる音のノイズも変わる。イヤフォンなどでは小さいノイズが気になるし、大きい劇場では、連続するホワイトノイズのような音が気になる。修復のゴールを絞り込めていると、より適した音の修復が可能になるとも言える。

　また、デジタルのクリアな音質に慣れた耳には、フィルム特有のサーというノイズや、録音時の口パク（リップ）のズレが気になる。ただ、このノイズはもともとフィルムが持っているものであり、公開当時の観客たちも耳にしていたものだ。こういったものを活かすのか、取り除くのかという議論が、修復の工程で上がることは頻繁にある。

　素材がフィルムの場合、上映されていた色味がどのようなものであったのかということはネガを見るだけではわからないことが普通だ。なぜなら、フィルムの色味やコントラストはネガフィルムに対して上映用のポジフィルムを作る際に、カットごとに光を当てて、補正しているからである。この作業をタイミング、作業者のことをタイミングマンあるいはタイマー、作業により決められたデータをタイミングデータと呼ぶ。タイマーは通常、ポジ

フィルムを仕上げる際に、作品のキャメラマンと話し合って色味の方向性を決めていく。また、フィルムの色味はネガとポジのフィルムそのものの特性の掛け合わせにも影響される。タイミングデータはラボの財産として、基本的には初号フィルムを上げたラボにて保管されている。古いネガフィルムから、新しくポジフィルムを作る際に、このタイミングデータを確認すれば、当時の見た目の狙いがどのようなものであったかということは大まかにはわかる。ただ、タイミングデータをそのまま流用してしまうと、フィルムの劣化に端を発する褪色(カラーフィルムの場合)や光の明滅、コントラストの変化、ムラ、初号プリントの時代とは異なる現像処方やフィルムストックの特性などによりずれが生じてしまうので、そういった仕上がりに影響する差異を補完する形で、データを直していく作業が必要になる。

　デジタル上でも、スキャンした画像に対して同様に色味を直していく必要がある。この工程をグレーディングあるいはカラーコレクションと呼ぶ。製作当時のキャメラマンやその弟子筋のキャメラマン、作品を担当していたタイマーなど、当時の見た目を知る人物が存命の場合は、そういった人の監修のもと、作業を進めていくというセオリーはあるものの、時が経つにつれてフィルムの時代を知る人は少なくなるので、こういった作業はもちろん難しくなっていく。キャメラマンなどの当事者が不在の場合、どういった基準のもと判断を下していくことが作品の復元につながるのだろうかということが問題になっている(図5)。

図5　図4からさらに上映ターゲットにグレー
　　　ディングした状態

当社は色味に関するひとつの答えとして、フィルム化学に基づいたカラーマネジメントを研究・実践している。フィルムはそれぞれ発色できる範囲について、メーカーや世代、フィルムタイプ毎に特徴があるため、それらの過去のサンプル、ラボに残っていた情報、文献、当時のフィルムの特徴を知る技術者の眼をもとに、フィルムの特性について分析を行っている。その結果、当時使われていたフィルムでは出すことができなかった範囲の色味については、画面上にあらわれないようにグレーディングのデータを制御し、色味の調整を行っていくなどのアプローチを考案することができた。こういった方法を通して、当時を知る人がいなくても、ある程度の再現ができていることを科学的に担保している。ただのデジタル化ではなく、アナログ・デジタル両技術に基づく作品の復元といえるだろう。

　小津安二郎監督の『浮草』(1959年、大映)(図6)の4Kデジタルリマスターも、こういったアプローチを応用した作品のひとつである。『浮草』は一番世代の古い素材であるオリジナルネガが残っており、スキャン等の作業はそこから進めた。ネガはドイツのアグファ社製のカラーフィルムであったが、生産終了から相当時間が経っているため、その特徴のある色を公開時にスクリーンで直接見て記憶に留めている技術者はほぼ残っていない。この色の復元において、KADOKAWAが保管していたアグファ社製のポジフィルムが有力な色の見本として機能すると期待されたが、褪色が激しく、作品の公開当時の意図を正確に読み取るには不十分であった。今まであれば、監修者の主観による判断に頼るしかないと思

図6　「浮草4Kデジタル復元版Blu-ray」発売・
販売元：KADOKAWA　価格：5,280円(税込)
©KADOKAWA1959

われた。しかし、東京国立近代美術館フィルムセンター（現国立映画アーカイブ）の研究員との調査により、アグファ社製カラーフィルムが使用されていた頃の色再現に関する研究記事を見つけ、この資料をもとに、撮影対象の実際の色と、アグファカラーによる色の再現の2種類のカラーチャートを作成し、色の復元の参考とすることができた。このアプローチによりアグファカラーの特色を主観のみによらない数値として根拠を得ることができ、「小津カラー」の復元に対する新たな挑戦を行うことができた（図7〜図9）。

図7〜図9　「浮草4Kデジタル復元版Blu-ray」
のワンシーン

2-2　活用を見越したデジタル化と保存のためのデジタル化

　デジタイズをするときに最も重要なことは、デジタル化の目的を持つことである。目的が本当はあるのに、趣旨にそったデジタル化ができていないと結局費用対効果はどんどん薄れていく。

映像のデジタルにはもちろん費用がかかる。その費用は素材の状態やデジタル化の方法に依る。どうすれば効率よくデジタル化を行うことができるのか。それは、デジタル化の目的をどの程度明確に持っているか、という点が肝になる。例えば映画フィルムの場合は、パッケージ化や映画祭のレトロスペクティブ部門での上映を目的としたものや、劣化していくフィルムの代替として、ネガに代わるマスターデータを作成するという場合が多い。こういった場合は販売に耐えうるように、前述のようなフローでの高解像度、高クオリティでのデジタル化・デジタル修復が求められる。また、ネガの代わりとしてデータを保管し、将来的に利活用する場合は、非圧縮のデータをマスターとして持つことが多い。圧縮されたデータをまた高いクオリティで利用しようとすると、画像の粗が目立つからである。前述の通り、今はほとんどの映画館がフィルム上映を受け付けないため、シネマコンプレックスなどの劇場を用いて行う映画祭でも、映画はフィルムのままではかけることができない。見せるためには必然的にデジタル化が必要となってくるのである。高画質を保とうとすると、どうしても保存用データは大きくなってしまう。データが大きくなると、もちろんデータ保管のためのコストはかさむ。

　一方で、記録映画や企業が持つCMなど、大量の作品をライブラリー化、公開することや、研究を目的としたデジタル化の場合は、オンラインなどで流しやすい容量の動画ファイルが好まれる傾向にある。デジタル化に関しても、作品ごとに費用をかけて修復を行うというよりは、もう少し簡易なフローでアクセスしやすいデータをつくることに重きがおれることも多い。ただ、こういった場合でも、圧縮率の高いMP4やAVI、使用しやすいDVDやBDのみでの保存ではなく、Apple社の動画コーデックで、扱いやすい容量で高品位な画質を表現できるProResHQなど、あるレベル以上の画質を担保したコーデックでの保存と、活用を目的とした圧縮率の高い動画ファイルを持つことをお勧めしたい。

3　何に入れて保存していくか

　このように作成したデータをより長く保存するには、どうしたらいいのだろうか。この節では代表的な長期保存メディアの歴史と特徴を紹介していく。

3-1　デジタルデータは永遠の夢を見るか

　80年代に最新のメディアだったフロッピーディスクは今やほとんどのPCでは認識が出来ない。読み込めたとしても、中身のデータが特定のソフトウェアに依存するものであったり、今は使われていない拡張子のものだったりすると、正常に使用し、目的を果たすことは不可能である。保存媒体のメディアはデータ保持のために非常に重要である。物自体の堅牢性だけではなく、そのものがいつまでアクティブであるのかということ、また使用の目的を考えてメディアを選ばねばならない。

　映画製作をとりまく環境もこの数十年で大きく変化した。デジタルカメラ・編集機・ストレージ・劇場上映システムの変化により、映画は以前より遥かに安価に、手軽につくられるようになった。数年前から、iPhoneのみで作られた映画も世に出てきており、映像製作の手法の多様化も見られる。

　このような状況の中、保存という観点では映像は非常に厳しい環境に立たされているといえる。フィルムは100年以上前からフォーマットが変わっておらず、上映機材さえあれば中身が確認できるが、デジタルはそうはいかない。デジタルデータの変化はもっと早く、複雑で、脆弱なものである。また、保存対象となるデータとは何なのかといった通例もあいまいである。

　特にCMの分野では、放送局に物理的にテープを配布して放送を行う代わりに、オンライン上でデータを各局に配信するオンライン送稿が進み、もはや原版を物理的に保存しないという方向での議論が進行している。こういった企業が関わる作品はもちろんであるが、個人で作品制作を行っている作家などに対しても、自身の作品データをどのように保存していくか、ということに自覚的になるように啓蒙していく必要がある。

3-2　長期保存ストレージの選択

　映像データは文字情報などにくらべて、容量が桁違いに大きいという特性がある。例えば10bitのDPXという連番ファイルで、24コマ／秒作品の4Kデータをとっておこうとすると、ネガ画郭といわれる範囲で約14分、さらに広く、上下のフィルムも見える範囲で画像を保存しようとすると、約10分のデータで1TBほどになる。クラウド保管はGoogleやAWSなどのサービスの信頼性に依存してしまうこと、現状ではクラウドなどは従量課金になることや、ダウンロード・アップロードを行う度に時間とお金がかかることから、映像データの長期保管はまだ物理的なメディアでの運用が主流というステージにあるが、これからはAmazon Web Serviceなどのクラウド保管も主流になってくると推測できる。現状主な長期保管メディアとしては、リニアテープオープン（LTO）やオプティカルディスクアーカイブ（ODA）といった長期保存用の物理メディアが選ばれているが、容量の観点から、まだまだLTOの方を選択するケースは多い。HDDなどは、定期的な通電が必要であったり、物理的な衝撃に弱かったりと、持続可能性が低いため、長期保存メディアとしては不適切である。長期保存を目的としてデータをメディアに保存する際は、天災などに備え、保存メディアを複数作成し、それぞれを別の場所で保存することを推奨している。また、データのマイグレーションはもちろん必要になるが、マイグレーション時にただコピーを行うだけでなく、格納されているデータのコピー先とコピー元の整合性を確認すること、データのコーデックが持続可能なものであるのかをマイグレーションのタイミングでその都度確認することが重要である。

　そういった点を考慮すると、適切な環境下で保管すれば数百年画像やデータの保存がきくフィルムもまた、長期保存メディアのひとつといえる。実際、4Kなどの大きな解像度でデジタル修復を行った作品は、完成版のデータをフィルムに戻して保存するという選択を行う場合もある。カラー作品においては、将来起こり得るフィルムの褪色による色の不整を防ぐために、赤、緑、青の三色のモノトーンのフィルムにカラー作品の色を分解して保存し、将来

の正しい色味を担保しておくという場合もある。

　それぞれのメディアに特徴があるので、長期保存メディアにおける正解は
なく、用途にあわせて組み合わせ、選択していくことが重要である。

　またデータを長期的に保存するためには、メディアの選定だけでなく、記
録されているデータを説明するメタデータについても考える必要がある。メ
タデータには、容量や時間、音声トラック数などデータ自体が記録と同時に
自動的に持つことができるものと、データ自体には保持できない情報がある。
例えば、色味のターゲットをどこに設定して製作したのか、音声トラックの
どのチャンネルに、どういった目的のトラックが入っているのかといった類
の情報は、データを見ただけではわからない。データの長期保存を見据える
と、データそのものを保管するだけでなく、記録されたデータの内容がどの
ようなもので、どのような用途でつくられたデータなのかを説明するための
説明書(メタデータ)を一緒に作成し、紙やテキストデータなどで保管してい
くことを推奨する。

4　映像保存のこれから

　映像保存のこれからはどうなっていくのだろうか。これからの映像保存は、
より視野を広く、国際的な動向や映像業界以外での取り組みについても考え
ていく必要があると予想される。以下、筆者が最近実務の中で体験したこと
をいくつか記載する。

4-1　アジア映画アーカイブ事情

　1938年に発足した、国際的な映像保存のための組織である、国際フィル
ム・アーカイブ連盟(FIAF)などの会報を追っていると、フィルムの保管の
仕方、デジタル化の際の倫理には、国や地域ごとに違いがあるように思える。
特に映画フィルムの保存は温湿度など気候に大きく左右されるため、そのき
らいが大きい。さまざまなフィルムの状況に対応するため、他国の情報やト

レンドを調査することは大変重要であるという観点から、当社も最近国際的なワークショップを何度か開催している。ワークショップでは当社の技術を他国の受講者と共有するだけなく、我々も海外の視点を生で感じることができるため、毎回大変大きい学びを得ている。

　例えば映像保存に従事する人々のバックグラウンドだけを見ていても、国ごとに特色がある。

　2018年には台湾フィルムインスティチュート（Taiwan Film Institute（TFI）。現Taiwan Film and Audiovisual Institute）と約1週間にわたるデジタル修復ワークショップを実施した。その中で、非常に若い担い手が中心となって映画を保存していることに驚いた。台湾には台南藝術大学というアジアで唯一の映像保存を目的とした学科を持つ大学があり、そこでアカデミックに映像の保存を学んだ卒業生が、映像保存機関や映画祭などに就職しているという背景がある。大学では机上の講義だけではなく、さまざまな実技についても学ぶようで、特に劇映画の修復においては大変重要な、コーディネーターとして修復の工程すべてを管理していくという気概が、TFIの各工程の専任者からも感じられ、非常に刺激的だった（図10）。

　2019年〜2020年にかけては、日メコン交流10周年およびミャンマー映画生誕100周年記念として、日本政府が国立映画アーカイブやミャンマー情報省等と協力して実施した映画分野における交流事業に、当社は総合協力企業として参加した。国立映画アーカイブが実施した、日本とミャンマーの初の共同製作作品である『日本の娘』（1935年、監督：ニープ、共同監督：枝正義郎 他）の復元事業におけるデジタル修復作業に加えて、ジャパン・クラシック・フィルム・フェスティバル（Japan Classic

図10　台湾フィルムインスティチュートとのデジタル修復
　　　ワークショップの様子

Film Festival)、そして映画の修復事業従事者を目指す若者に向けたワークショップに参加した。このワークショップでは、参加者の熱意にこちらも圧倒された。ミャンマーでは台湾と異なり、公的な映像保存の機関がなく、映画業界に従事し、自身も映画監督である若者が、セーブ・ミャンマー・フィルム（Save Myanmar Film）という団体を立ち上げ、独学で情熱的に映像保存を行っている（図11、図12）。

図11　ミャンマーでのワークショップの様子(1)　　図12　ミャンマーでのワークショップの様子(2)

　日本の状況はどうだろうか？日本ではいまだ映像の保存・修復を目的とした教育機関が存在せず、フィルムを扱う技術者やフィルムアーキビストの資格制度も存在しない。今後、ラボなどでも世代交代がおこり、フィルムの実際的な技術や化学的な特徴について継承していくことは難しくなっていくと予想できる。また、フィルムを扱う上ではもはや切り離せないデジタルデータの特性についても包括的に教育できる資格制度や、それに伴う課程などの制定が待たれる。日本で唯一の国立の映像保存機関である国立映画アーカイブが、2018年に国立近代美術館から独立したという追い風もあり、今後にぜひ期待するとともに、ラボとしても何ができるのかを考えていきたい。
　また、保存対象のメディアや作品を保存していく上での制度の面でも、国ごとにポリシーが異なる。
　韓国はデジタルデータに対する意識が非常に高いと感じる。韓国は映画の

納本制度がすでに敷かれており、デジタルの分野においても積極的に実施されている。2010年代に国内で製作された長篇劇映画に関しては、87.5パーセントにものぼるタイトルが韓国映像資料院に保存されている[3]。フィルムだけでなく、新作映画に対してもこれから未来に残していこうというスタンスに畏敬と羨望の念を抱く。

　一方で、シンガポールのアジアンフィルムアーカイブ（Asian Film Archive）では、作品のデジタル修復を行う際にデジタルの成果物だけではなく、修復したデータをフィルムに残し、フィルムでも保管するというポリシーをとっている。シンガポールでは、フィルムのかかる劇場はほぼないようだが、2019年にはシンガポール国立アーカイブ内にフィルムの映写設備を完備した上映スペースを設置しており、これからもフィルムという形で映像を保管・上映していこうという姿勢が見てとれる。

　日本では、新作映画においては一社が全製作費を負担し全権利を持つという形ではなく、数社が集まって製作を行う製作委員会方式がとられることが多い。このため権利関係が複雑となり、保存機関への納入は円滑に進みにくい。一方、国立国会図書館法による納入制度の対象として映画も含まれているものの、フィルムなどのメディアの保管環境が整備されていないなどの理由から、長年納入が猶予されている。国立映画アーカイブでは寄贈を受け付けているものの、所蔵作品の大半は、旧作のフィルムである。ボーンデジタルと呼ばれる、デジタルで製作された映画の保存についても、いまだどういったデータを保存していくべきかという議論がなされている最中であり、レギュレーションもまだない。これからの映像保存に対する法制度や納入基準のポリシーの制定が期待される。

4-2　映画業界以外での視聴覚資料保存機運の高まり

　また最近では、映像業界以外での映像アーカイブの利活用の機運も高まっている。江崎グリコの江崎記念館では、企業資料館の中で商品にまつわる映像などを展示することで、ブランディングに過去の資料を役立てている。こ

ういった企業資料館などで、商品の実物とともに当時の映像を使用すること
で、当時どのようにその商品が人々の生活の中にあったのか、どういった人
たちがその商品を愛用していたのかということがよくわかり、映像と実物
の相乗効果で事物について理解を深める一助となっている。パナソニック
ミュージアム松下幸之助歴史館では、社員を含む来館者が、創業者松下幸之
助の思想や 会社の歴史を学べる場として、創業当時から残してきた松下幸
之助の講話や会社行事を記録した映像を活用している。こういった分野での
映像の活用にもこれから注目したい。

　もう一つ問題なのがオーグメンテッド・リアリティ（AR）やバーチャル・
リアリティ（VR）、大型映像の中の映像だ。ARやVRは体験とセットで成立
し、ユーザーひとりひとりが体験の中で見るものが異なる。大型映像は、イ
ンスタレーションのように展示空間の中で意味を成すようにつくられている
ため、映像単体での保存は完全とは言えない。今後はこういった映画・TV
空間外の、体験の一部としての映像の保存についても、積極的な議論が望ま
れる。

5　おわりに

　映像アーカイブはフィルムという物理的、化学的特性を持った物質をどの
ように保存するのかという議論から、データ化した映像、そしてボーンデジ
タルの映像をどのように正しく保管していくかという情報工学の議論まで発
展してきている。そしてこれからの映像保存は、映像技術の多様化により細
分化された作品製作・上映・展示における環境や用途、意図までをくみ取っ
て保存していくという、文化人類学的な価値観もふまえ、三つの観点での議
論が必要になってくるのではないだろうか。

注

1) 岡田秀則（2016）『映画という《物体X》——フィルム・アーカイブの眼で見た映画』立東社, 45-48.

2) 「PETベースの開発」富士フィルム株式会社（https://www.fujifilm.co.jp/corporate/aboutus/history/ayumi/dai3-13.html）（最終アクセス：2020年7月21日）

3) 韓国映像資料院（https://eng.koreafilm.or.kr/kofa/intro/preservation/film）（最終アクセス：2020年7月1日）

参考文献

石原香絵（2018）『日本におけるフィルムアーカイブ活動史』東京美学出版.

木下良仁（編）（2011）『PROFESSIONAL CINE&TV TECHNICAL MANUAL2011/2012』社団法人日本映画テレビ技術協会.

庄司実（編）（1999）『映画制作のすべて——映画製作技術の基本と手引き』株式会社写真工業出版社.

白井茂・山本豊孝・八木信忠・広沢文則（共著）（1978）『映画撮影技術ハンドブック』株式会社写真工業出版社.

山田顕喜（編）（1997）『日本映画技術史』社団法人日本映画テレビ技術協会.

（1987）『IMAGICA　映像技術用語集』株式会社IMAGICA.

（1993）『STUDENT FILMMAKER'S HANDBOOK』日本コダック株式会社.

Masaki Daibo, Tomohiro Hasegawa & Kasuki Miura (2017) Limiting colour grading for two-color film restoration: Utilizing a spectroradiometer to create a specific LUT, *Journal of Film Preservation*, 96, 97-106

第11章

気象ソリューションで
世界企業に

安部大介

1 天気予報とウェザーニューズの歴史[1]

　1970年1月、商社マンとして木材の輸入を担当していたウェザーニューズの創業者の石橋博良は、荷主として材木を米国から日本に運んでいた。木材運搬船は「空光丸」で、当初の目的地は大阪であったが、港の混雑状況から向け地を福島県の小名浜に変更した。そしてこの「空光丸」は到着後に爆弾低気圧に遭遇して小名浜港で沈没した。船の向け地変更というのは特別なことでは無く、日常的に行われていることである。当時気象庁も情報を出していたが、意思決定者である船長は爆弾低気圧の接近を知らずに港の建物の中で打ち合わせを実施しており、打ち合わせ終了後に船に戻ろうとした際には、船は波によって激しく防波堤にぶつかり、もはやどうすることも出来なかったという。結果として、15人の船乗りの命が失われた。この悲劇的な事件を受けて、気象情報を一方的に発信するだけではなく、意思決定者に伝えて、対応を行うところまで意思決定を下すフォローをすることで初めてリスクに対応できるということを石橋は理解し、後に会社を設立することになる。これがウェザーニューズの原点である。気象に関するリスクのコミュニケーションを行い、また意思決定者が意思決定するまでのフォローを行い、安全の確保と費用対効果をだして価値を提供していくことが、現在でもウェザー

ニューズの基本的なリスクコミュニケーションの思想であり、リスクコミュニケーションを実施するスタッフは「いざという時、人の役に立ちたい。」という理念のもと日々対応策の情報を提供している。

2　天気予報と創業時から続く BIG データに基づく
ソリューションのサービス

　法律上の民間気象会社という業態が形つくられてから、まだ25年程度しか経過していない。1993年(平成5年)に気象業務法が改正され、初めて気象サービスの民間への開放が行われた[2]。気象業務法の改定以前は、気象庁の天気予報を解説することしか民間では許されない時代が続いた。気象庁は細分と呼ばれる都道府県を区切った単位に対して天気予報を出し、テレビの放送においては、民間はその解説を行うことしかできなかった。そういった制限のある中でウェザーニューズは、洗濯指数やおでかけ指数といった従来には無い気象を数値化したわかりやすい表現で視聴者の行動や意思決定をサポートした。また、初めて気象衛星ひまわりの雲画像を大阪の朝日放送の天気予報で放送するなど、無味乾燥であったテレビの天気予報に変わって、新しい天気予報の形をテレビ局の方々と一緒に作り上げてきた。今でこそ衛星画像が天気予報で放送されるのはあたりまえのことであるが、当時、宇宙から撮影された雲画像が天気予報の放送でリアルタイムにお茶の間の視聴者の目に入るというのは画期的なことであった。

　気象サービスが自由化された後、気象庁はデータフリーポリシーに基づいて、気象庁の持つデータを自由に使えるように開放した。そして、民間気象会社は観測、予報、数値モデルの計算結果と気象データをリアルタイムで入手することができるようになり、気象情報を活用したサービスが始まった。つまり、25年前に業界として既にビッグデータの活用が始まっていた。ウェザーニューズでは、膨大な気象データを入手し、気象の解析予報を実施した上で、リアルタイムで企業の顧客、放送局に提供した。当時、ピンポイント

予報という利用者個々人の頭の上の天気予報がない時代でもあり、新しい価値の社会への提供が始まった。また、理念であるリスクコミュニケーションを企業に提供した。これは、単に気象情報を提供するだけでなく、気象情報を顧客の対応策にまで提供する新しい気象サービスの始まりであった。

気象情報にビジネスの情報をかけあわせてソリューションとして提供していることや、まだコンピューターも発展していない25年前に、気象情報というビッグデータを活用して、社会に安全性と費用対効果を提供し始めたことはユニークである。膨大なデータが観測、解析、予測の結果として作られるが、最新の予報は価値が高いものの、古くなった予報は急激にその価値を失うという性質の情報である。「気象情報はナマモノである」と当時表現し、我々はこれを「ペリッシャブルデータベース」と呼び、鮮度を最大限に保って、価値を素早く顧客に提供する仕掛けを作り上げた。こうして独自に気象業界ではビッグデータを鮮度を保ちながら活用するユニークな形が早いタイミングで形つくられたといえる。

3　気象サービスとは

気象庁と民間気象会社はどこが違うのか。日本では役割が明確に定義されており、まず気象庁は公的な国全体をカバーする基本的な観測ネットワークを持ち、防災目的の警報を発表することが最も大きな役割である。一方、民間気象可視は公的観測に加え、顧客や個人の方々の気象リスクに応じた観測を行い、解析、予報し、それぞれの気象リスクに応じた対応策のサービスを提供する。1993年（平成5年）に気象業務法が改正され、民間の気象情報提供会社から気象サービスを実施することができるようになって25年以上経過する間に、気象庁と民間気象会社の役割分担が明確化した（表1）。基本的な公的気象観測と警報に代表される防災情報については気象庁、気象サービスについては民間で、という役割分担が明確になってきたといえる。結果として、互いに機能の重なりが他国に比べると少ない状況で最適化されているこ

とが大きい。この様に役割を明確
に定めることで、互いに自らの
範疇に専念することができたた
め、日本では民間気象会社が発達
し、現在は全国に81(令和2年6
月現在)もの民間気象事業者が存
在する。この気象庁と民間気象会
社との役割分担については、日本
は理想的なモデルとして海外から
理解されている。また、気象庁の

表1 気象庁(左)と民間気象会社(右)の役割分担

気象庁 Japan Meteorological Agency	WN weathernews
公共気象機関	あなたの気象台 (77億人の情報交信台)
気象予測 警報発表等の防災業務	気象と影響予測 気象リスクへの対応策 警報等の個人への伝達
品質管理された 基準となる基本観測	市場ニーズに特化した 詳細な独自観測

持つデータ自体は無料で公開され、気象業務支援センターによるデータハン
ドリング料以外は自由に価値創造に気象をベースにしたコンテンツが作られ
るようになったことが大きい。海外のアジア新興国では、まだまだ気象局と
民間の役割分担が不明確であることが多く、民間気象会社の役割が明確でな
く、結果として実力を発揮しきれないケースがある。一方で、世界の新興国
は日本の役割分担を理想的に感じており、今後の日本の気象業界のあり方の
変化は世界をリードしていく形になる可能性が大きく、日本の気象業界が世
界にインパクトを与える形になりそうだ[3]。

　気象庁の情報とウェザーニューズのサービスの違いの具体的な例をあ
げると、航空においては、気象庁は空港に対して、飛行情報に関するTAF
(Terminal Air Forecast)と呼ばれる気象予報を提供する。一方、飛行機は航空
会社毎、飛行機の機体毎、パイロット毎に飛行できる条件が異なるため、一
便一便の異なる条件にあわせて、気象リスクに関する情報を出していくとと
もに、悪天時の上空での待機するための燃料(Extra Fuel)の量を推薦する等
の対応策情報まで出していくのが民間のサービスとなる。

4 価値創造サービス

　気象サービスとは天気予報を提供することでは無い。一人ひとりの生活や行動、顧客ごとの業務にあった気象リスクに対する対応策を提供することだ。航海気象の一例をあげて説明すると、従来、船舶は一度港を出帆すると、船長が全ての権限を持つ文化であり、船の進むべき航路、スピード、到着時間等の航行の関する全ての事柄を船長が決定した。一方で、航海の一つ一つに船社としてのビジネスの目的があり、安全性は担保した上でビジネスの目的にあわせて航路等が最適化されることになる。当時はよく予定到着時間（ETA: Estimate Time of Arrival）という言葉が使用された。一方でビジネス上必要な到着時間（RTA: Requested Time of Arrival）を定義することで、RTAにあわせて、燃料最小航行、安定性を最大化する航行なのか、速度優先航行なのかと航行の目的に応じて、航海計画を最適化するサービスを行うことができるようになった[4]。船社にとって、船長がビジネスの目的を意識した航海をするようになり、運航方法が大きく変わったことになる。冬場には北太平洋は荒れる日が多く波が高いため、日米航路を航行する船の船長はどうしても南側の航路を取り、できるだけ波の低い航路を取りたがるケースが多かったが、安全性を確保しつつ、ベーリング海を通過する最短経路を取ることで波は多少高く、乗組員には大変な航海にはなるが、最短時間で航海することができ、荷主に喜んでもらえるビジネスに最適化した航海となるケースなどが一例である。

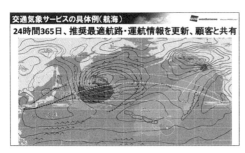

図1　航海計画の最適化のイメージ

　この様な航路をサポートするサービスは気象データだけでは成立しない。気象データと過去の顧客の航路や性能等をはじめとする航海に関するビジネスデータを分析し、気象リスクがビジネスにどのような影響を与

えるかをAI及び統計処理等で計算するエンジンを作成し、運営しサービスを提供する。そして、航海する船から新たに集まる最新の情報を加えて、一連の航海データをリアルタイムに分析し、船のパフォーマンスモデル等をアップデートしていくことで常にエンジンを最新の状況を保ち、航海目的の最適化を担保していく（図1）。地道ではあるが、世に言うビッグデータ分析と運用化をずっと昔から実施してきているのがウェザーニューズである。

5　顧客ソリューションのための無常識インフラ[5)]による観測

　公的な観測ネットワークだけでは捉えきれない微細な気象現象を把握することで、個別気象リスクを低減させることを目的に、オリジナルの観測ネットワークを整備している。具体的には、X-BANDレーダー80台、地上観測機3000台、花粉観測機1000台など。観測のセンシング技術は日々進化しており、目的にあわせて安価なセンサーを数多く設置することで、今まで見えなかった現象を捉え、今まで解決できなかった気象リスクを低減することができる。センシング技術も発達してきており目的を絞ることで問題解決を高めることができる。また、ライブカメラを設置し、撮影された画像をAIで解析することで、様々な情報を抽出し、気象状況の分析に使用し対応策に活かすことができる。具体的には、航空機の飛行に大きな影響を与える火山の噴火による火山灰の状況の把握、峠の雲が気になるヘリコプター向けの雲の状況把握など、画像から抽出した情報をもとに顧客のミッションクリティカルな業務に影響を与える気象現象に対する対応策コンテンツに昇華し提供を行っている。気象情報を活用する上で多くの情報が画像から抽出されるのだが、気象の公的な観測ではまだこういった画像から抽出された情報を活用するレベルまでは来ていない。人の目による観測はWMO（世界気象機関）で公式の観測として定義されているが、人の代わりにカメラで捉えた画像が公式な記録に残るにはまだ時間がかかりそうだが、民間レベルでは意思決定に活用できる情報として、AIによる情報抽出が発展してきている。例えば、火

山の噴火や雪の降り始めの検知、波の越波の検知など多くの分野で使われ始めており、最新の画像処理AI技術の活用については、日々進歩し新しい価値の追求されている。

　また、設置された気象観測ネットワークからの情報だけでなく、サポーターと呼ぶ現地にいるアプリユーザーとコミュニケーションを取り、単に気象観測気機では測れない、実際の被害の状況などをリポートしていただくことで、現地で何がおきているのか、ということを把握し、コンテンツと対応策にフィードバックを行うことで、より正確な対応策をとるための重要なベースとなっている（図2）。

図2　独自気象観測ネットワーク

6　気象情報を活用する44の産業分野

　顧客一人ひとり、航海の一隻一隻にサービスを提供して、対話しながら気

図3　気象情報を活用する44の産業分野

　象リスクを一緒に解決することを34年続けた結果として、現在44の産業分野に対してサービスを提供している（図3）。社会のあらゆる人、企業が少なからず気象のリスクを抱えていて、不確定要素としての気象にリスクを感じ、対応に苦慮している。気象とは単なる時候の挨拶にとどまらず、気象リスクの話をすると、あらゆるトップ企業が提案に耳を傾けてくれ、自分たちの気象リスクを一緒にどう解決するかを考えてくれる。それは、単に天気予報の提供ではなく、今まで解決できなかった気象リスクに対して、気象情報とリスクコミュニケーションでその一つ一つにきめ細やかに対応することで、安全を確保しつつ、費用対効果の得られるサービスまで高めてきたということができる。

　現在ウェザーニューズは多くのコンビニエンスストアにサービスを提供しているが、その始まりは後楽園球場（現東京ドーム）のお弁当屋さんからの電話による問い合わせからである。お弁当屋さんは、巨人戦のある試合に向けて大量のお弁当を作る。ところが、雨が降って試合が中止になると、お弁当は廃棄処分となってしまい、大量のロスがでるのである。当時、天気予報は

気象庁の発表するのは、ピンポイントの天気予報ではなく、東京地方に「曇り時々晴れ、一時雨」といった内容の天気予報しかない時代であった。野球の試合が中止になる時間4mm以上の雨が降るかどうかというピンポイント予報とリスクコミュニケーションを提供することで、気象の情報サービスでお弁当のロスを最小化するということができるようになったのである。今では、コンビニエンスストアでは日配品のロスを最小化することだけではなく、急に熱くなる日に冷やし麺を仕入れて山積みすることで多くの売上をあげるという、天気の変化を売上の最大化に利用するようになってきている。

　気象リスクを軽減するためには、時には気象情報を最大限に活用するために、情報を受ける側の顧客が自らのビジネスの習慣を変えることで、気象情報の価値を最大化するということも発生する。先程の航海気象の船長の役割が変わった事例や、コンビニエンスストアにおける売上を最大化するための商品の配置や発注方法についてもその一つである。こういった業務の形まで変わってくる時、効果は最大化される。一方で、こういった顧客のビジネスの流れを大きく変えることは、我々だけでは出来ない。コンセプトに共感した顧客と一緒になって成し遂げること以外に実現することはできない。

7 「測る、知る、参加する」

　そもそも天気予報をするというのは気象予報士などの資格を持った人のみが実施するべきものだろうか。雨が降りそうな黒い雲を空に見つければ、まもなく雨かな、と天気を予測するだろうし、山に笠雲がかかれば強い風が吹いているな、と昔から多くの人が経験に基づいて認知、理解し、先の天気を予測しているのである。そういう中で特定の人のみが天気を解析、予測し、一方的に予測を伝えるという気象情報のあり方自体を変えていきたい、というのがウェザーニューズの強いコンセプトである。一人ひとりが空を見て、さらに天気図を見て、自分で解釈し、予測していく。そして、気象のリスクについて自らが考え、気象リスクに対して対応していくことで、自らと大切

な人の生命、財産を守っていく様な強い社会にしていきたいという想いである。社会全体が気象災害に対するレジリエンスを高めるためには自らが考えることが重要である。ただ、そうは言っても、気象に普段から興味を持たないことには、気象の状況を正しく把握することは出来ないし、当然気象リスクを正しく把握することもできない。そういった人たちが、少しでも気象に触れて、気象に興味を持ち、興味を持って深く知りたいと思うことを通じて、気象を楽しみながら、気象に対するリテラシーをあげていただくために、ウェザーニューズでは「測る、知る、参加する」というコンセプトでサポーターと接してきた。「測る」というのは、身の回りの季節の移ろいや自然現象、例えば、桜の成長を見たり、空を見て写真を取ったり、気温を測ったりすることで自然や気象に接して頂き、自然や気象に対して興味を持って頂く。そして、実際に「測る」と結果についてもっと知りたくなるものである。実際に測った結果で社会にも貢献したくなるものである。大勢で測った結果を持ち寄って頂いて実際の天気予報の解析に「参加」して頂くわけである。実際に自分で測った気象が実際の天気予報に活用されて、サポーターにまた予報という形で還元されていくという循環がまわるのである。

　2005年11月に「測る、知る、参加する」の理念で始まったウェザーリポート[6]。今でこそ写真を撮ってネットで共有するのは普通のことになったが、当時は写メールとガラケーで撮った写真をメールなどで送付することが社会で話題になるような時期で、携帯電話の回線も3Gが始まって日が経っておらず回線速度も遅かった時代である。2006年には雪尺を5000人に配りサポーターと積雪を測り、2007年10月の雪虫大作戦では雪虫の出現と初雪の関係を調査した。「測る、知る、参加する」を体現することで、少しずつウェザーリポーターの数は増えていった。そして、予測不可能と言われた短時間の集中豪雨をサポーターと共に追い、解析、予測するゲリラ雷雨防衛隊が2008年に発足した。天気予報は公的な気象庁の実施する観測であらゆる気象現象が捉えられているという感覚は大間違いである。気象は日本中でまだまだ細かな現象を捉えきれるほど十分な公的な気象観測網は存在しない。ゲ

リラ雷雨をもたらすのは、夏の入道雲、積乱雲である。積乱雲は上昇気流による小さな積雲からスタートする。この積雲の段階では気象レーダーには映らない。気象レーダーというのは上空の雲の中の雨水を捉えて雨水の量を推定するリモートセンシング技術である。しかしながら、この積雲の段階から、人の目には見ることが出来る。発達を開始する積雲を多くのゲリラ雷雨防衛隊員が目で捉え、写真を撮って送り報告を行う。ウェザーニューズのゲ

図4　ゲリラ雷雨防衛隊のコンテンツ(1)

図5　ゲリラ雷雨防衛隊のコンテンツ(2)

リラ雷雨防衛隊本部でその雲を解析し、ゲリラ雷雨をもたらす積雲の発達を監視するのである。そして、ウェザーニューズの設置した独自のX-BANDレーダーWITHレーダーで6秒ごとの観測を行い、ゲリラ雷雨の発達を監視し、ゲリラ雷雨を解析予測していくのである（図4、図5）。多くの人が参加して初めて出来る構造である。ゲリラ雷雨防衛隊の隊員はリポートを送ることで、ゲリラ雷雨の解析・予測に貢献し、さらに社会の人々がゲリラ雷雨のリスクを軽減することに大きく貢献することになる。このゲリラ雷雨防衛隊は2004年に「ゲリラ豪雨」の流行語大賞をもらうこととなる。

　現在では、多い日だと1日に18万通のウェザーリポートが届くようになり、日本の天気はどこで何がおきているかということが手に取る様にわかるようになってきた。ウェザーリポートが始まった当初から全てのリポートに目を通し、現地で何が起きているかの情報をリポートから分析、気象解析を行った。例えば、雨の降り始めでは、気象庁の気象レーダーやアメダスの観測で雨が捉えられる前に、サポーターからのリポートで雨の降り出しを捉えることが出来る。これも、サポーター一人ひとりが気象情報をリポートしていただけるからこそ成り立つのである。図6は関東地方に雪が降った際の事例である。夜に降り出した雪が関東地方全体に広がり、都内は強い雪となっていることがわかる。白いリポートが雪をあらわし、それ以外の色の付いたリポートは雨をあらわしている。図で分かるように白のリポートが多い雪のエリアとそれ以外の雨のエリアは馬の背をわけるように境界が明確である。気象庁の関東地方の積雪深計はわずか15箇所で

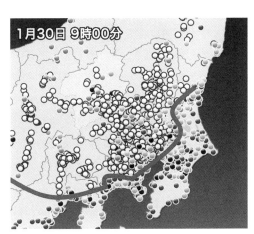

図6　関東降雪時のウェザーリポートから見える雨と雪の境（太線）

ある。各県に1箇所から数箇所しかない観測密度では、きめ細やかな雨と雪の分布を表現することはできない。特に雪は地域性が大きいため、より高い観測密度が重要であり、サポーターからのリポートが雪の解析を実施する上では、社会の重要なインフラになっているということができる。現在ではリポートの数も増え、人の目だけでは見きれなくなってきたこともあり、雲の色の分類から怪しい雲を検知するなど、リポートをAIで分析し、情報の抽出を行って解析に活かす等の工夫を行って、サポーターから送付いただいたリポートをできる限り、気象解析に活かしている。

　気象情報をみんなで作っていくという想いが、リポートを起点に解析、予報につながり、フィードバックされ、また、新たにリポートにつながっていくという善循環を生み出している。

8　気象会社だからできること――データで切り拓く世界

　気象データというのは非常に扱いが難しい、多品目大量のデータである。あるデータは昔ながらのテキストのメッセージで現地の気象状況を伝えてくる。場合によっては、不定期のデータであり、最近でこそフォーマットも統一されてきた感はあるが、世界中でエリアごとの独自ルールがあり、なかなか一元的に集められないのである。また、一方で、最新の気象衛星のデータや地球の大気をスーパーコンピューターでシミュレーションした結果である数値モデルは、非常にサイズの大きなデータである。気象衛星だけで、年間300TBのサイズのデータが日本に対して、米国、欧州から送られてくる。また、天気予報は基本的にナマモノである。最新より一つ前のデータの価値は急激に失われる。一方で、膨大な数値計算の結果、地上の実況観測値の過去情報は顧客とのソリューションエンジンを作る上での大事なデータ素材である。世界中の気象リスクを解決するために、ウェザーニューズには日米欧アジア・オセアニアと世界中から気象データが集約され、年間の気象データのサイズは、地上気象観測、気象レーダー、数値予報、衛星だけで500TB／年

の大きなデータ量となる。

　この価値の源泉の世界中から集まる気象データは日に日に増え続けている。ウェザーニューズのDreamである世界中の78億人に対して気象サービスを提供するためにも、世界中からのデータの入手は増え続ける。

　日本で形つくられた気象サービスの形は世界的にもユニークであり、対応策までを提供するという点で先進的である。気象情報サービスを世界の人々にもっと多く使っていただきたいと思い、現在はアジア、ヨーロッパにサービスを展開中である。ただ、全ての国でサービスが実施できる訳ではない。安全保障上の問題から気象情報を国外企業が気象情報を取得できないという国や、民間気象会社が存在しない国もまだまだ多くある。日本は世界の国から官民の役割分担の成功事例として認識されている。特に日本が成功しているポイントは、データフリーポリシーと、気象庁がビジネスを行わず防災業務に徹するという2点である。欧州では気象データは非常に高価であり、結果として民間での活用が遅れており、民間市場が健全に育っていない。また、国によっては国が民間サービス部門を持ってビジネスを実施している事例もあるが、いずれも健全な民間気象事業の発展を妨げ、社会全体として気象サービスの恩恵を減じており、最終的に社会のためにならない。気象の観測、予報は基本的に防災を目的に実施されており、防災業務である警報の発表を気象庁が実施する上での副産物を、民間が活用して社会の気象リスクを経済の面で支えていることとなる。

　アジアを中心に日本の枠組みを取り入れたいという多くの声がある。また日本は災害の多い国でもあり、災害に備えた対策という意味で防災の世界のリーダーでもある。国と民間の官民で役割分担して、気象リスクの観点で防災を強化し、民間のサービスで経済損失を防いでいくという構造が最も良く機能する形を、日本から世界に推進していくことが求められている。

　気象情報サービスを官民の役割分担を明確にして、官はナショナルワイドの公的気象観測及び防災向けの気象警報に注力し、民間は全ての企業、個人へのインターフェースとなり、気象サービスとして次元を高めて価値を提供

することで、互いの役割を明確にし、リソースの集中投下ができるようになる。日本で培ったサービスを展開することで、多くの人、多くの企業が気象リスクを軽減でき、社会の気象リスクを減らすことで、生命財産を守り、また、現地の方々が気象の機微な変化をビジネスのチャンスに変えていくようなビジネスをサポートするサービスを世界中に展開していく。また、そうすることで、世界中のローカルの観測データが集まってきて、よりよい予測値を作るためにフィードバックされていく。気象のサービスを通じて輪が広がることでより人々は気象に興味を持ち、やりとりも増え、そのやりとりが気象リテラシーを向上し、社会を気象に対するリスクへのレジリエンスの力を一歩一歩つけていくのである。気候変動による地球の温暖化とそれに伴う気象の極端化が叫ばれており、温暖化に伴って水蒸気量が増加することで短時間豪雨による洪水等のリスクは、エリアによっては間違いなく増加する。気象の極端化に対応するためにも、ハードウェアの整備と人々の気象リテラシーの向上によるレジリエンスの強化は、一歩一歩の歩みではあるが非常に大事で、民間の立場からサービスを通じて、個人、企業の気象リスクへの対応で継続的に価値を提供しながら貢献していくことで、世界中で災害に強い社会、より気象リスクに対応できる社会を実現できると強く信じている。

　地球温暖化により極端気象はますます増加している。極端気象に対応するために河川の堤防などのハードウェアの整備も進むに違いないが、過去に経験した以上の極端気象により大きな災害の増加が予想される。災害が発生するような気象状況のときだけ対応を考えるのではなく、気象リスクに対する対応を日々考え、大きな災害が発生する可能性があるときに自らどういうアクションを取るかを常に考えることが大事である。民間の気象情報提供会社の立場から、世界中の個人、企業との気象リスク低減と対応の日々対話することが、個人、企業が自らの気象へのリスクを考えるきっかけとなり、各個人や企業が自らの災害に対する対策を考え災害発生時の自らの対応を考えることで社会での気象リスクに対するレジリエンスの強化につながり、災害に強い社会へとつながっていくと信じている。

注

1） 天気予報とウェザーニューズの歴史（https://jp.weathernews.com/corporate-outline/our-history/）（最終アクセス：2021年4月13日）

2） 気象業務法（https://elaws.e-gov.go.jp/search/elawsSearch/elaws_search/lsg0500/detail?lawId=327AC0000000165）（最終アクセス：2021年4月13日）

3） GLOBAL FACILITY FOR DISASTER REDUCTION AND RECOVERY (2019) *The Power of Partnership: Public and Private Engagement in Hydromet Services*, 27.

4） 航海計画の最適化（https://jp.weathernews.com/your-industry/shipping/）（最終アクセス：2021年4月13日）

5） 従来の観測手法にとらわれず、気象現象を捉える上でのエッセンスを見抜き、最新の技術を用いて気象現象を観測するイノベーティブな観測機及び観測ネットワークのこと。

6） ウェザーリポート（https://weathernews.jp/s/report/sample/）（最終アクセス：2021年4月13日）

あとがき

　『デジタルアーカイブ・ベーシックス』の編集委員のお話を頂いた時、か
なり軽く「私でよければ、頑張ります」と引き受けてしまった。編集会議が
始まって、第5巻は「産業編」で自分が編集担当ということになった。その場
では切り出せなかったが、なかなか難しいことを引き受けてしまったと感
じていた。当時私はデジタルアーカイブ分野の新規事業探索に任じられ2年
ほどたっていた。聞く人聞く人みんな判で押したように、「お金の匂いがし
ない」とおっしゃる。これで産業化って無いんじゃないのかな？と感じてい
たところだった。とは言え、5巻目だし、しばらく先なので、そのころには何
かわかっているんじゃないか？と気持ちを切り替えた。

　幸いにも前に4巻分のOJTがあり、優秀な編集委員のみなさんの仕事ぶり
を間近で見ることができ、様々なデジタルアーカイブの知識を得ることが
できた。ディスカッションにも参加させていただいたので、一定の成長が
あったと思う。編集委員のみなさんと監修の時実象一先生に様々なご意見
を頂き、第5巻の企画に入った。自分の成長はともかく、産業としての可能
性はあるんじゃないかな？と思い始めた。
　第5巻の構成は、自らアーカイブの主体者の企業群、狭義のデジタルア
ーカイブから手掛け、ビジネスを開拓しているフォアキャスト的企業群、
ビックデータ・データサイエンスでビジネスを創造し、データを流通・蓄
積することを手掛けられている広義のデジタルアーカイブ分野にいるバッ
クキャスト的企業群のみなさんにお願いした。また、「経済財政運営と改革
の基本方針2017」（骨太方針2017.6）を受けてデジタルアーカイブ業界を調
査・俯瞰している方々の視点を加えて全体がまとまるよう構成している。

デジタルアーカイブ「産業」ということもあり、なるべく産業界の方に執筆をお願いした。執筆にあたっては、新型コロナウイルスについては、触れないわけにはいかないし、無視できる人もいないのだが、何年かたって違和感のないようにひとつ引いた表現にしていただくようにお願いした。本来ならここで、各原稿について簡単に触れておくべきなのだろうが、みなさん力いっぱいご執筆いただいたので、本文にすべて譲りたい。

　本巻の編集にかかわることで、改めて「産業」とは誰がいくら儲かって羽振りがいいか？という話ではなく、業界のエコシステムが出来上がっているかどうかだということを学んだ。エコシステムが出来上がるまでにどれくらいの時間がかかるのか、私にはわからないが、社会全体がデジタル技術の基盤に乗っかっているので、いつか必ずデジタルアーカイブ産業はエコシステムを構築することになるし、面白い構造を垣間見ることができる一冊になったのではないかと思う。

　のど元過ぎればなんとやら、仕事は終わったので「今回も楽しい仕事で、たいへん勉強になりました」。ありがとうございました。

2021年4月

編集委員会を代表して
第5巻編集責任者
久　永　一　郎

執筆者一覧

監　修
時実象一（ときざね・そういち）
1944年生まれ。東京大学大学院情報学環高等客員研究員。
専門はデジタルアーカイブ、学術情報、ウェブ検索、ウィキペディア。
主な著書に『研究者のコピペと捏造』（樹村房、2018年）、『コピペと捏造』（樹村房、2016年）、『デジタル・アーカイブの最前線』（講談社、2015年）などがある。

責任編集
久永一郎（ひさなが・いちろう）
1967年生まれ。大日本印刷株式会社マーケティング本部事業戦略ユニットヒューマン・エンジニアリング・ラボ室長。
専門はエクスペリエンスデザイン・インタラクションデザイン。
代表的なプロジェクトに、CCGA現代グラフィックアートセンター建設プロジェクト、オックスフォード大学ボードリアン図書館展示プロジェクト、ルーヴル-DNP ミュージアムラボプロジェクト・セーヴル陶芸都市マルチメディアプロジェクト、カタール Al Zubarah 遺跡ガイダンスプロジェクト、フランス国立図書館(Bnf)地球儀・天球儀デジタルアーカイブプロジェクトがある。

執筆者（掲載順）

島 裕（しま・ひろし）

1964年生まれ。公益財団法人中曽根康弘世界平和研究所主任研究員、渋谷スクランブルスクエア株式会社エグゼクティブアドバイザー。

専門は技術経営（MOT）論、イノベーション・マネジメント論、都市・地域活性化。

主な論文に「イノベーション・プロセスとしての“価値を起点とする思考”」（『日経研月報』2019年11月号、2019年）、「オープンイノベーションによる地域の活性化」（『全国市町村国際文化研修所メールマガジン』(191)、2019年）、「多様性との共創から生まれるイノベーションと産業競争力」（『公明』(104)、2014年）などがある。

松崎裕子（まつざき・ゆうこ）

1963年生まれ。公益財団法人渋沢栄一記念財団情報資源センター企業史料プロジェクト担当。株式会社アーカイブズ工房代表。博士(学術、名古屋大学)。国立公文書館認証アーキビスト。日本アーカイブズ学会登録アーキビスト。企業史料協議会理事。

専門はビジネス・アーカイブズ、アーカイブズ・マネジメント。

主な著作に『レコード・マネジメント・ハンドブック――記録管理・アーカイブズ管理のための』(共編訳、日外アソシエーツ、2016年)、『企業アーカイブズの理論と実践』(共著、丸善プラネット、2013年)、Seventy-Five Years of Toyota: Toyota Motor Corporation's Latest *Shashi* and Trends in the Writing of Japanese Corporate History, *Crisis, Credibility and Corporate History* (Liverpool University Press, 2014) などがある。

川上博子（かわかみ・ひろこ）

ポーラ文化研究所研究員。

専門は化粧文化。

主な著書に『平成美容開花　平成から令和へ、美容の軌跡30年』（編著、ポーラ文化研究所、2020年）、『おしゃれ文化史』（編著、秀明大学出版会、2019年）などがある。

國谷泰道（くにや・やすみち）

1959年生まれ。株式会社DNPアートコミュニケーションズ、イメージライセンス部シニアスタッフ。

専門は、美術作品の画像ライセンスと著作権コーディネート。

緒方靖弘（おがた・やすひろ）

1976年生まれ。寺田倉庫株式会社アーカイブ事業グループ担当執行役員。

1999年に寺田倉庫入社以来、フィルム、テープ保管センターや文書保管センターを複数設立した。近年では動画データのアーカイブシステム構築などを手掛ける。

川嶋健一（かわしま・けんいち）

1980年生まれ。株式会社NTTデータ社会基盤ソリューション事業本部ソーシャルイノベーション事業部ソリューション開発担当課長。

文化財、災害記録、地理データ、文書などに関わる様々なデジタルアーカイブの開発、および調査研究に従事。

主なプロジェクトに、バチカン教皇庁図書館Digital Vatican Libraryプロジェクト、ASEAN文化遺産デジタルアーカイブプロジェクトがある。

大向一輝（おおむかい・いっき）

1977年生まれ。東京大学大学院人文社会系研究科准教授。

専門はウェブ情報学・人文情報学・学術コミュニケーション。

主な著書に『ウェブらしさを考える本』(丸善出版、2012年)、『ウェブがわかる本』(岩波書店、2007年)などがある。

手嶋 毅(てしま・つよし)

1944年生まれ。Teshima Creative Associates 主宰。

専門はデジタルアーカイブ・アドバイザー、こども美術鑑賞教育。

主な論文に「美術品の画像ライセンスと権利処理」(『情報の科学と技術』56 (6)、2006年)、「狩野派400年の歴史」(共著、『映像情報メディア学会誌』55 (1)、2001年)、「マルチメディアの現状と展望その1、その2」(『情報管理』36 (1・3)、1993年)などがある。

肥田 康(ひだ・こう)

1961年生まれ。株式会社堀内カラー　アーカイブサポートセンター所長。

専門はデジタルアーカイブ。

主な論文に「資料の保存とデジタル化」(『薬学図書館』58(4)、2013年)、「電子画像情報の利用と保存」(『情報の科学と技術』54(9)、2004年)などがある。

岡本 真(おかもと・まこと)

1973年生まれ。アカデミック・リソース・ガイド株式会社(arg)代表取締役／プロデューサー。

専門は公共・商業施設プロデュース、オープンガバメント等。

主な著書に『未来の図書館、はじめます』(青弓社、2018年)などがある。

太田圭亮(おおた・けいすけ)

1989年生まれ。スタートバーン株式会社執行役員事業開発部長、株式会社アートビート取締役。

専門はブロックチェーン技術による所有権・著作権管理。

岑屋早百合（たや・さゆり）

1989年生まれ。株式会社野村総合研究所 ICTメディアコンサルティング部主任コンサルタント。

専門はデータ利活用支援、地方創生。

主な論文に「デジタルアーカイブの動向と展望」（『NRI Public Management Review』2020年5月号、2020年）などがある。

小林慎太郎（こばやし・しんたろう）

1970年生まれ。株式会社野村総合研究所 ICTメディアコンサルティング部上級コンサルタント。

専門はICT公共政策・経営。

主な著書・論文に『パーソナルデータの教科書』（日経BP、2014年）、「『文化庁eBooksプロジェクト』の報告」（『文化庁月報』(542)、2013年）、「意思表示システムの在り方に関する調査研究」（『文化庁月報』(534)、2013年）などがある。

太田亮子（おおた・りょうこ）

1991年生まれ。TRC-ADEAC株式会社 自治体史編さん支援チーム所属。デジタルアーキビスト。

藤原理子（ふじわら・りこ）

1992年生まれ。株式会社IMAGICAエンタテインメントメディアサービスメディア営業部 フィルム・アーカイブ営業グループ所属。映像アーカイブコーディネーター。

映画フィルム、映像・音声記録メディア、デジタルデータの保存・デジタル化・活用のコーディネート業務専門、ほか新作におけるフィルム撮影のコーディネート業務も担当。

安部大介(あべ・だいすけ)

1970年生まれ。株式会社ウェザーニューズ執行役員、サービス統括主責任者。

専門は気象サービス、気象データ分析。

主な論文に「エネルギーシステムの強靱性に向けた気象リスクマネジメント」(『エネルギー・資源』41(3)、2020年)などがある。

監修

時実象一（ときざね・そういち）

1944年生まれ。東京大学大学院情報学環高等客員研究員。
専門はデジタルアーカイブ、学術情報、ウェブ検索、ウィキペディア。
主な著書に『研究者のコピペと捏造』（樹村房、2018年）、『コピペと捏造』（樹村房、2016年）、『デジタル・アーカイブの最前線』（講談社、2015年）などがある。

責任編集

久永一郎（ひさなが・いちろう）

1967年生まれ。大日本印刷株式会社マーケティング本部事業戦略ユニットヒューマン・エンジニアリング・ラボ室長。
専門はエクスペリエンスデザイン・インタラクションデザイン。
代表的なプロジェクトに、CCGA現代グラフィックアートセンター建設プロジェクト、オックスフォード大学ボードリアン図書館展示プロジェクト、ルーヴル DNP ミュージアムラボプロジェクト・セーヴル陶芸都市マルチメディアプロジェクト、カタール Al Zubarah 遺跡ガイダンスプロジェクト、フランス国立図書館（Bnf）地球儀・天球儀デジタルアーカイブプロジェクトがある。

デジタルアーカイブ・ベーシックス5
新しい産業創造へ

2021年5月25日　初版発行

監　　修　時実象一
責任編集　久永一郎
制　　作　㈱勉誠社
発　　売　勉誠出版㈱
　　　　　〒101-0061　東京都千代田区神田三崎町2-18-4
　　　　　TEL：(03)5215-9021(代)　FAX：(03)5215-9025

印　刷　中央精版印刷
製　本

ISBN978-4-585-20285-1　C1000

デジタルアーカイブ・
ベーシックス 1
権利処理と
法の実務

著作権、肖像権・プライバシー権、所有権…。デジタルアーカイブをめぐる「壁」にどのように対処すべきか。デジタルアーカイブ学会第2回学会賞（学術賞）受賞！

福井健策 監修
数藤雅彦 責任編集
本体 2,500 円（＋税）

デジタルアーカイブ・
ベーシックス 2
災害記録を
未来に活かす

博物館、図書館のみならず、放送局や新聞社など、各種機関・企業が行なっているデジタルアーカイブの取り組みの実例を紹介。記録を残し、伝えていくこと、デジタルアーカイブを防災に活用することの意義をまとめた一冊。

今村文彦 監修
鈴木親彦 責任編集
本体 2,500 円（＋税）

デジタルアーカイブ・
ベーシックス 3
自然史・理工系
研究データの活用

高等教育機関、自然史・理工系博物館、研究機関が開発・運用している各種データベースや Web サイトを紹介し、天文学、生物学、地球惑星科学、環境学など、自然科学分野における取り組みの事例を一望する。

井上透 監修
中村覚 責任編集
本体 2,500 円（＋税）

デジタルアーカイブ・
ベーシックス 4
アートシーンを
支える

日本の芸術分野におけるデジタル対応の概要・現状から問題点まで、美術館、博物館などの事例をもとに、幅広く紹介。美術のみならず、音楽、舞踏、服飾のアーカイブの事例も掲載。アートアーカイブの実状を知るための一冊。

高野明彦 監修
嘉村哲郎 責任編集
本体 2,500 円（＋税）

入門
デジタル
アーカイブ
まなぶ・つくる・つかう

デジタルアーカイブの設計から構築、公開・運用までの全工程・過程を網羅的に説明する、これまでにない実践的テキスト。
これを読めば誰でもデジタルアーカイブを造れる！

柳与志夫 責任編集
本体 2,500 円（＋税）

これからの
アーキビスト
デジタル時代の人材育成入門

技術的な観点だけでなく、社会制度としてのアーカイブづくりに貢献できる人材のあり方に視野を拡大。
MLA連携や文化資源の組織化などを担える、デジタル化を前提とする将来的なアーキビストのあり方を論じる。

NPO 知的資源イニシアティブ 編
本体 2,500 円（＋税）

デジタル人文学の
すすめ

国文学・歴史学におけるデジタルアーカイブや、妖怪データベース、電子図書館やe国宝など、めまぐるしく変化する「デジタル人文学」の環境を、実際の現場から捉え直し、人文学の未来を考える立ち位置と思考の拠り所を提供する。

楊暁捷・小松和彦・荒木浩 編
本体 2,500 円（＋税）

アーカイブの
つくりかた
構築と活用入門

企画、デザイン、ツール、法律上の問題など、アーカイブ構築の際にだれもが直面する問題を整理し、それらをクリアするための実践例を紹介。デジタルアーカイブをつくり、有効に運用するための具体的な方法と課題を解説する。

NPO 知的資源イニシアティブ 編
本体 2,500 円（＋税）

文化情報学ガイドブック
情報メディア技術から「人」を探る

浮世絵をコンピュータで統計的に解析、伝統芸能の動きをモーションキャプチャで分析…。情報技術の進歩が、新たな文化研究を巻き起こしている。
文理の壁を超える、最先端の研究者たちが集結。

赤間亮・鈴木桂子・八村広三郎・矢野桂司・湯浅俊彦 編
本体 1,800 円（＋税）

文化情報学事典

個々の領域で独立に行われてきた文化研究という縦の糸を、データ・サイエンスという理系の横の糸で編みあげる文理融合型のアプローチ「文化情報学」の集大成。文化と情報／データにかかわる人々の必携の一冊。

村上征勝 編
本体 18,000 円（＋税）

日本の図書館建築
建築からプロジェクトへ

「箱モノ」から、コミュニケーションなどを重視した「有機的なモノ」へと変化を遂げている日本の公共図書館。全国各地の特色ある公共図書館を紹介することで、図書館建築の歴史的流れをたどった一冊。フルカラー、図版200点以上掲載。

五十嵐太郎・李明喜 編
本体 3,500 円（＋税）

ライブラリーぶっくす
ポストデジタル時代の公共図書館

電子書籍市場の実態や米国図書館、日本の大学図書館との比較を通して、ポストデジタル時代に対応する公共図書館の未来像を活写する。

植村八潮・柳与志夫 編
本体 2,000 円（＋税）